尽 善 尽 美　　　　弗 求 弗 迪

本成果受到中国人民大学“985工程”的支持
本成果受到教育部人文社会科学研究项目的资助

存款性金融机构信用风险理论方法及其应用

蒋洪迅 著

電子工業出版社
Publishing House of Electronics Industry
北京·BEIJING

内 容 简 介

本书的研究工作以国内外同类研究成果为基础，从分析我国银行业体制的现实状况入手，进一步研究我国商业银行信用风险的成因及可能带来的相关损失的不确定性，创造性地提出了量化评估存款风险和中国人民银行监管风险的若干新的数学模型，并对这些模型和算法进行了实证研究。本书提出的研究成果具有三大特色：第一，首次提出存款风险的概念，并参照结构化蒙特·卡罗方法给出一个衡量存款资产收益期望的数学模型。第二，对信用风险研究领域前沿的3种最主要信用风险量化模型进行了研究，分析比较了它们的优势、弊端和使用范围，并对其在我国应用的可行性进行了评价。第三，提出了评估监管风险的两个量化模型：监管风险的对策论模型和基于Merton期权理论的储备金费率模型。

本书可作为信用管理、金融风险管理及相关专业高年级本科生的补充教材，也可作为财经、金融专业人士的培训和参考用书。

图书在版编目（CIP）数据

存款性金融机构信用风险理论方法及其应用 / 蒋洪迅著. —北京：电子工业出版社，2015.5

ISBN 978-7-121-25812-1

Ⅰ. ①存… Ⅱ. ①蒋… Ⅲ. ①金融机构－风险管理－研究－中国 Ⅳ. ①F832.1

中国版本图书馆CIP数据核字（2015）第069041号

责任编辑：康 霞
印　　刷：三河市鑫金马印装有限公司
装　　订：三河市鑫金马印装有限公司
出版发行：电子工业出版社
　　　　　北京市海淀区万寿路173信箱　邮编 100036
开　　本：720×1000　1/16　印张：9.75　字数：197千字
版　　次：2015年5月第1版
印　　次：2015年5月第1次印刷
定　　价：45.00元

凡所购买电子工业出版社图书有缺损问题，请向购买书店调换。若书店售缺，请与本社发行部联系，联系及邮购电话：（010）88254888。

质量投诉请发邮件至 zlts@phei.com.cn，盗版侵权举报请发邮件至 dbqq@phei. com.cn。

服务热线：（010）88258888。

序

上周一接到蒋洪迅博士的电话，请我为他的新书《存款性金融机构信用风险理论方法及其应用》作序。看到他一步一步地努力，将原来的博士论文综合成专著出版，我作为他的博士导师很为他骄傲。

放下电话，我的思绪被拉回到十五年前。当年北京航空航天大学经管学院与中国科学院系统所联合申报，获批了国家自然科学基金重点项目“不确定性和风险型管理决策的理论和应用研究”。我作为项目负责人之一，带领我的博士生、硕士生团队投入到这个重点项目研究之中。当时，蒋洪迅是一名新晋的博士生，正处在研究选题阶段。作为一名博士生导师，我总是考虑每一个学生的不同特点、喜好、研究兴趣和科研能力，帮助他们确定研究方向。鉴于蒋洪迅具有系统设计和程序开发的明显优势，我建议他考虑做数据密集型和计算密集型的金融市场和金融机构不确定性风险决策研究。本书就是这个选题契机和他后续努力工作的成果。

金融机构的信用风险一直都是风险理论研究的重要组成部分，也是不确定性风险决策研究的一个难点和热点。在该研究领域中，存款性金融机构与其他同类机构相比，具有其特殊性，且其发生信用风险的危害性更大，因此存款性金融机构的信用风险理论方法具有重要意义。蒋洪迅博士从分析我国银行业体制的现实状况入手，研究了我国商业银行信用风险的成因及其相关损失的不确定性，创造性地提出了量化评估存款风险和中国人民银行监管风险的若干新的数学模型，并对这些模型和算法进行了实证研究。本书主要内容的创新点表现在如下 6 个方面。

第一，改进信用风险的基本定义，构建存款性金融机构信用风险研究的基本理论体系。

从研究信用风险的一般性概念出发，特别突出了存款性金融机构信用风险的独特性，分析此类信用风险的形成原因，提出其构成的 3 个重要研究领域，即存款风险、信贷风险和监管风险。在此基础上，对信用风险的经济后果进行深入研究。

第二，首次提出存款风险的概念，参照结构化蒙特 • 卡罗方法构造了一个衡量存款资产收益期望的数学模型，并由此推导出计算银行最大违约率的一个新颖的解析表达式。

由于我国银行业的市场化改革，作为市场经济主体的商业银行也必然存在着信用风险。本书阐明了存款资产的不确定性，提出了存款风险的概念，依据结构化蒙特·卡罗方法建立了一个新的衡量银行存款资产收益期望的数学模型，导出了银行最大违约概率的一个上确界，并结合 VaR 监管体系下银行信息披露对此模型进行了进一步讨论。针对我国商业银行的实证研究表明，现有的储蓄资产收益远远无法弥补储户所承受的信用风险水平。同时实证还表明，目前由中国人民银行为各个商业银行统一制定存款利率的政策具有极大的弊端，它严重背离了风险与收益之间对立统一的辩证关系。这部分内容是国内首次专门研究存款风险的模型构造和实证分析，具有重要意义。我国银行业在不远的将来真正进入市场化以后，它将为储户在选择银行和储蓄项目上提供一个理论数值上的策略指导。

第三，比较研究三种基于财务比率的信贷风险模型，介绍并分析了国内商业银行信用分析模式和过程。

首先明确了信贷风险的含义，以及它与信用风险的从属关系。然后概要介绍 3 种传统信贷风险度量方法：专家制度模型、Z-SCORE 模型和 ZETA 模型，并对这些方法进行比较研究。这些方法的意义在于它们是现代信用风险理论研究的基础，其中的专家制度模型是我国绝大多数商业银行和金融机构目前使用的较有效的信贷分析模式。以中国工商银行的审贷决策分析系统为例，详细介绍了国内现行使用的信用分析模型和信用分析的过程。在后面的案例分析中，根据这些模型结合中国企业实际数据做了较详尽的实证分析后，总结这些方法及模型的弊端和主要问题。

第四，分析研究本领域前沿的 3 种最常用的信用风险量化度量模型，以及它们在我国应用的前景预测。

KMV 信用监测模型是利用现代期权理论作为其依据所建立起来的违约预测模型。Credit-Metrics 模型则是建立在受险价值 VaR 方法基础上的量化模型，它不仅仅考虑了一定时期信用资产的违约风险，同时还考虑了一定时期信用资产由于信用等级转换变化所带来的价差风险。Credit Risk$^+$模型是瑞士信贷银行基于保险精算理论建立起来的。在 Credit Risk$^+$方法中，关键的信用风险驱动因素是经济中可变的违约率均值，它与宏观经济状态系统地联系在一起，一旦宏观经济恶化，违约率均值就可能上升。3 种模型各有其优缺点，本书从风险定义、风险驱动因素、信用事件的波动性、信用事件的相关性、收复率、数字方法 6 个方面对这三大模型进行了比较研究，并针对我国实际情况对三大模型的应用前景分别给出了评价。

第五，中国人民银行监管风险对策论模型的建立和研究概述了中国人民银行监管风险的含义及其存在的必然性，提出了采用存款保险制度来防范此类信用风险，建立了中国人民银行监管风险的对策论模型。

本书首先简要说明了存款保险制度的产生过程及其在西方国家应用的基本现状，接着详细分析了我国采用这种存款保险制度的可能性和利弊分析，进一步揭示了中国人民银行与国有商业银行之间实际上隐含着此类存款保险的契约关系。在此假设条件下，构建一个简单有效的博弈模型来量化分析这种契约关系。该模型将中国人民银行和投保银行看作不完全信息博弈模型中的局中人，将中国人民银行（简称央行）的风险规避心理与投保银行的隐瞒资产倾向通过数学模型描述为一个对策问题，推导出最佳储备金费率（央行策略）和最佳资产申报额（商业银行策略）的表达式，最后给出了理论探讨、算法和案例分析。

第六，对央行监管风险中储备金费率算法的研究。

Merton 认为存款保险合约类似于由存款保险公司出售的一份对银行资产价值的卖出期权，银行缴纳储备金后就隐含地掌握了这份看跌期权。笔者基于布莱克·修斯公式的欧式期权定价方法，提出了计算银行资产储备金费率的一个新的数学方法，适用于指导央行制定金融储备金费率。在央行目前实行单一储备金费率的政策条件下具有一定的参考意义。据此从投保银行的角度来反向考虑，导出投保银行得到补偿率的一个上确界。最后，以我国 5 家最具有代表性的国有商业银行的资产状况为依据，进行了深入的实证分析，从而概括出该模型的一些基本性质，以及对监管风险具有指导意义的重要结论。

总而言之，本书从不同角度、不同方面对存款性金融机构信用风险的定义、模型、方法和理论，以及操作与实践进行了全面的有趣探索，介绍了其系列创新成果，是一本难得的好书，很值得业界人士一读。

不过，至今的信用风险理论，甚至仅限于存款性金融机构中的信用风险理论还远远未达到“弄清楚”、“用明白”的程度，仍有大量的未知领域需要探索，大量的模型和方法需要验证。科学就是一个不断证伪的过程。研究本身的不确定性正是其魅力所在。作为科技工作者，正像海滩边拾贝壳的孩子，要不断地在潮涨潮落的海滩中辛劳奔波，寻找埋在沙中的美丽贝壳。能否拾到一颗举世独有、美丽异常的贝壳，不仅需要他们的不懈努力，还要靠一定的运气。即便很久都没有收获，拾贝壳的孩子通常也还是不会轻易放弃，喜欢跟着潮水来回奔跑。因为结果固然重要，寻找的过程更是孩子们最大的乐趣。预祝我们的孩子个个好运。

祝贺本书的出版。

是为序。

诚挚的邱菀华

2014 年 12 月 20 日周六晚于北京航空航天大学

前　言

存款性金融机构是指经中国人民银行批准，在国家金融管理法规框架内向社会不特定对象吸收存款，并将之贷给需要资金的各经济主体及投资于证券等以获取收益的金融机构。由于存款性金融机构的主营业务就是吸纳公众存款，一旦出现信用危机或者仅仅是挤兑传闻，都会造成极大的公众情绪波动、舆情危机甚至社会动荡。显然，同其他类型的金融机构相比，存款性金融机构发生信用风险的危害性更大，从而对存款性金融机构信用风险领域进行理论上和方法上的研究探索具有重要意义。

金融机构的信用风险一直都是风险理论研究的重要组成部分，既是一个热点也是一个难点。笔者从分析我国商业银行监管体制、运营机制等特征入手，改进信用风险的基本定义，构建了存款性金融机构信用风险研究的基本理论体系。首次提出可量化的存款风险概念，基于结构化蒙特·卡罗方法构造了一个衡量存款资产收益期望的数学模型，由此推导出计算银行最大违约率的一个解析表达式；分析比较了目前国际、国内主流的 3 种基于财务比率的信贷风险模型，即专家制度模型、Z-SCORE 模型和 ZETA 模型，介绍了国内商业银行信用分析模式和过程；详细介绍了信用风险研究领域前沿的 3 种信用风险量化模型，包括 KMV 信用监测模型、Credit-Metrics 模型和 Credit Risk^{+}模型，从风险定义、风险驱动因素、信用事件的波动性、信用事件的相关性、收复率、数字方法 6 个方面对这三大模型进行了比较分析研究，并探讨了它们在我国应用的前景预测；建立了央行监管风险的对策论模型，揭示了央行与商业银行之间实际上隐含着存款保险的契约关系，并构建一个简单有效的博弈模型来量化分析这种契约关系，并给出了理论探讨、算法和案例分析；基于期权定价方法，建立了计算银行资产储备金费率的一个新的数学方法，用来指导央行制定金融储备金费率。在央行目前实行单一储备金费率的政策条件下具有很好的参考意义。

信用风险量化分析是一个难题，由于著者学识、能力有限，加之时间仓促，疏误之处在所难免。凡此种种，敬希专家、学者和广大读者给予批评和指正。

著　者

目　录

第1章 绪　　论

1.1 引言

在现代生活中，随着科学技术的巨大进步，信息与交流不断扩展，时间变得越来越短，地球变得越来越小。不同国家之间、地区之间、社团之间、人与人之间的联系和竞争，理念、目标、利益之间的冲突，自然和地理环境的差异又经常地、越来越频繁地影响着社会、影响着市场、影响着经济。一方面可能是持续的外形稳定而实际上孕育着某种急剧变化的因素；另一方面可能是短暂的、某一个环节的突变引起如地震灾害或“多米诺骨牌”的效应[106]。在管理学领域，人们逐渐统一地用“风险”这个词来描述这类可能导致灾害、损失、污蚀及相关效应的诸多理念。风险通常是指导致损失的事件发生的可能性，或者事件发生的不确定性；显然，风险和不确定性是联系在一起的[131]。不确定性广泛地存在于自然界和社会现象中。绝大多数管理和决策问题都带有风险性[2]。相应地，人们经历过这些不确定性，又自然地不断探索在这些不确定条件下进行决策的理论和方法，以期以最低的成本或损耗，避免这类不确定性的出现，或者让它推迟，或者降低它的负效应，这种理论就是风险理论[1]。

金融风险研究是风险决策的主要领域之一，如图 1-1 所示（风险的分类），尤其是金融领域中的信用风险正在逐渐成为金融从业者和风险理论研究人员所面临的主要问题，如图 1-2 所示（金融风险的分类）。随着中国市场经济的逐渐成熟，市场参与者开始认识到所面临着的巨大信用风险，迫使市场交易者着手考虑如何精确地测定信用风险，如何确定和控制潜在的信用风险损失。存款性金融机构[1]的信用风险是现代金融风险理论研究的一个重要方向，其中心问题是研究在不确定环境下如何控制金融机构的信用风险，维护银行系统的稳定，保护存款人的利益，预防金融风波。银行业与其他行业相比有其特殊性，由于在金融市场中存在信息

---

[1] 存款性金融机构，即有权开展存款储蓄业务的商业银行。在我国，存款性金融机构包括四大国有商业银行、城乡信用合作社、各种政策银行、投资银行、发展银行等，以及中国邮政储蓄业务。在本书的后续部分，有时也简称为商业银行。

的不对称，所以因竞争而导致的个别银行的破产具有传染性效应[1]。个别银行的风险可能会变成系统性风险，不仅给存款人造成损失，还会造成经济波动和社会动荡。由于在银行挤兑的传染性效应和国民经济的稳定增长之间存在矛盾，因此如何保护存款人利益，维护银行系统的稳定一直是各国政府的难题，尤其对于经济转型国家，这一问题显得尤为迫切。

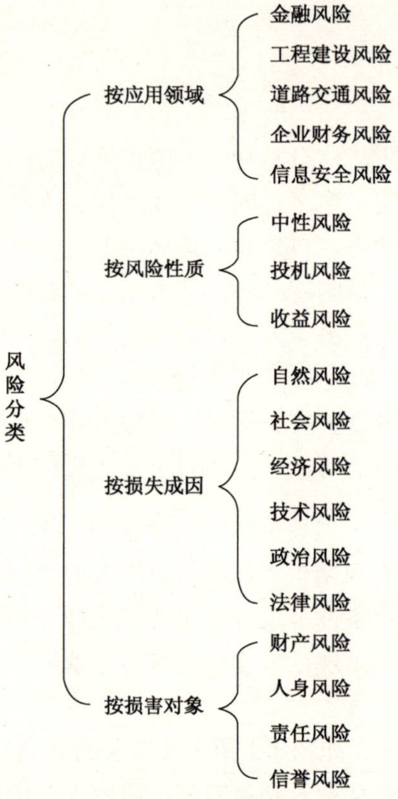

图 1-1　风险的分类

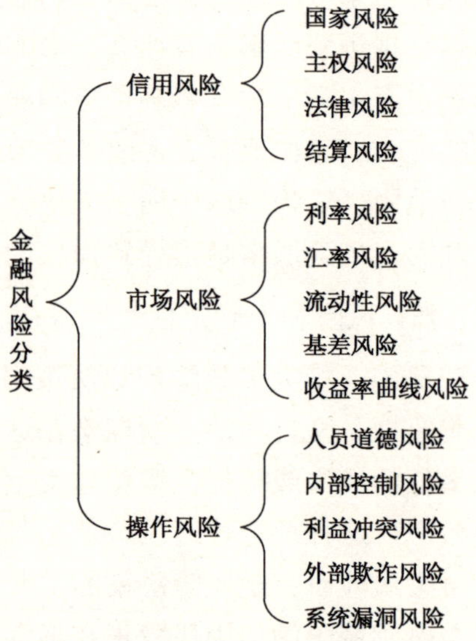

图 1-2　金融风险的分类

信用风险是与各国银行业共生的，但发生的范围、形式、程度、危害及防范手段等，在不同的国家、不同的阶段存在相当大的差异。现代金融演变史告诉我们，对于西方国家的银行来说，由于借贷主体品格的原因而导致的信用风险不能说没有，但至少已不是一个普遍性的问题，已基本从制度方面较好地得到有效控制。西方国家“脱媒”现象的产生，银行资产、负债的自由买卖，离开市场主体讲求信用、恪守诺言、遵守市场规则的基础都是不可想象的。但我国的情况却截然不同，信用风险对我国银行业，甚至对整个社会的经济生活均

[1] 资料来源：《存款保险与中国银行的市场化》，中国科学院，Working Paper，2000.

有一定影响，如国有商业银行贷款的大量呆账和坏账、许多企业的应收账款长期无法收回，多个企业间循环的“三角债”关系，这些都严重制约了我国经济的持续正常发展。

亚洲金融危机以后，有了泰国、韩国等银行破产倒闭的前车之鉴，我国中央政府也充分认识到对商业银行的信用风险进行监管的必要性和作用。因此，对中国的银行信用体制和银行监管措施进行了理论分析和实证研究，这些一定程度上会对中国商业银行的良性发展起到推波助澜的作用，更进一步地可以推进中国的经济建设。同时，该方向也是自然基金重点课题[1]——“不确定性和风险型管理决策的理论和应用研究”的一部分。如何结合中国的实际，度量和管理信用风险，并将风险作为重要因素考虑到银行决策问题中，这对于存款个人、贷款企业，乃至整个国家经济无疑都具有非常重要的意义。

1.2 信用风险的定义、成因及后果

1.2.1 信用风险的定义

关于信用风险的定义，不同的学者有着不同的观点。传统的观点认为，信用风险是指交易对象无力履约的风险，也即债务人未能如期偿还其债务造成违约而给经济主体经营带来的风险[2]。另一种观点认为，当金融市场中交易双方中的任何一方在执行过程中不能够或者不愿意履行他们的全部或部分合约责任时，就形成了信用风险。而笔者认为，信用风险是指由于借款人或市场交易对手违约而导致损失的可能性；更一般地，信用风险还包括由于借款人的信用评级的变动和履约能力的变化导致其债务的市场价值变动而引起损失的可能性。因此，信用风险的大小主要取决于交易对手的财务状况和风险状况[3]。

信用风险有广义和狭义之分[3]。广义的信用风险指所有因客户违约（不守信）所引起的风险，如资产业务的借款人不按时还本付息引起的资产质量恶化；负债业务中的存款人大量提前取款形成挤兑，加剧支付困难；表外业务中的交易对手违约引致的或表外业务中负债转化为的表内负债等。狭义的信用风险通常是指信

[1] 基金编号：79930900.
[2] 《有效银行监管的核心原则》，巴塞尔银行监管委员会，1997年9月.
[3] 王春峰.《金融市场风险管理》，p6，天津大学出版社，2001.

贷风险[1]。

从广义角度看，在现代市场经济条件下，无论是企业或个人在其经济活动中一旦与他人或企业签订经济合约，他们就将面临合同对方当事人不履约的风险，如不支付钱款、不运送货物、不提供服务、不偿还借款等。这种因为对方当事人不履约所带来的风险，统称为信用风险。在信用风险事件中，对方当事人可能发生违约的各种表现形式[2]有贷款、信用保险、不同的贸易支付方式（赊账、货到付款、预付货款、交货付款）、国际贸易、托收、汇票、合同保证书、第三方担保、对出口商的中长期融资、付费拖延等。

信用风险还应包括主权风险，它是指当债务人所在国家采取某种政策，如外汇管制，致使债务人不能履约债务时所造成的损失。这种风险的主要特点是针对国家，而不像其他违约风险那样针对的是企业和个人。

信用风险的形式还包括结算前风险和结算风险。结算前风险一般是指风险在正式结算前就已经发生；结算风险则是指在结算过程中发生不可预料的情况，即当一方已经支付了合同资金但另一方发生违约的可能性。这种情况在外汇交易中较为常见，如交易的一方早晨在香港支付资金而后在美国进行交割，在这个时间差中，结算银行的倒闭可能导致交易对手不能履约合同[139]。

1.2.2 存款性金融机构信用风险的含义

存款性金融机构，即有权开展存款储蓄业务的金融机构，主要是商业银行，但又不仅仅是指银行。在我国，存款性金融机构包括四大国有商业银行、城乡信用合作社、各种政策银行、投资银行、发展银行等，以及中国邮政储蓄业务。

与其他金融机构相比，存款性金融机构的信用风险具有一个突出特点：由于金融市场存在的信息不对称，银行业完全市场化以后，急剧的市场波动容易导致个别中小银行在某一时刻破产，然而这种破产往往具有传染性效应。个别银行的风险可能会变成系统性风险，即在银行挤兑（Bank Runs）的传染性效应（Contagion Effects）。这不仅给存款人造成损失，还会造成经济波动和社会动荡。它可能造成某一国家或地区，金融系统全面崩溃，从而引起信用危机和经济衰退。同时，随着国际经济一体化的发展，国与国之间经济往来越来越密切，相互支撑并渗透，一个国家的经济风险极有可能传到另一个国家。而且这种传播范围越来越大，发生这种经济动荡的周期越来越短。因此，如何控制银行业信用风险，保护存款人

---

1 赵晓菊.《银行风险管理》，p20，上海财经大学出版社，1999.

2 约翰·霍利韦尔.《金融风险管理手册》，中文版，p27，上海译文出版社，2000.

利益，维护银行系统的稳定一直是各国政府的难题，也是经济管理理论界研究的重点。

在1.2.1节中所叙述的，各类存在着信用风险的金融资产中，银行贷款的信用风险最大。在银行贷款中，不同种类的贷款，其信用风险也不同[3]。例如，长期性贷款的信用风险往往比短期贷款的信用风险大，因为在较长的时间内可能会有更多的公司倒闭，导致信用风险的因素将增多。大额贷款的信用风险比小额贷款的信用风险大，因为一旦损失产生，大额贷款损失将更大，即具有较大的风险暴露（Risk Exposure）。再如，保证贷款的信用风险比抵押贷款的信用风险大，因为在抵押贷款中，借款人提供的抵押品为清偿债务提供了第二来源。

存款性金融机构的信用风险往往还与其他金融风险相互交织在一起，互为因果关系。例如，流动性风险使得银行没有足够的头寸来满足客户提取存款或按合同使用贷款的需要，使客户面临着信用风险[1]，而银行由于不能按时支付资金，它所赖以生存的信誉将会受到严重影响，从而造成业务萎缩，甚至因此而倒闭。又如，决策性风险等经营风险往往会引发信用风险，像20世纪90年代海南发展银行管理层过多地将资金投入房地产市场，就是对房地产投资风险认识不足而做出的错误决策，从而最终引发房地产贷款损失，出现较大的信用风险。

1.2.3 信用风险的成因

1. 信用风险的广泛存在是现代金融市场的重要特征[139]

自20世纪90年代以来，国际金融市场危机四伏，风波迭起。1994年底，墨西哥政府将其货币比索贬值40%，引发了一场严重的金融危机，并波及拉美、亚洲乃至全球。1994年，法国里昂信贷银行因从事房地产和其他产业的投机而亏损达123亿法郎，它的账目中出现了高达500亿法郎的滞账和坏账。1995年8月1日，日本东京最大的财务公司——宇宙财务公司遭遇4.2亿美元存款的挤兑；同年9月，日本大和银行纽约分行的一名业务人员因投资美国债券失误，亏损11亿美元等。在这些事件中，特别值得一提的是1997年始发于泰国泰铢贬值的金融危机。这次危机迅速蔓延到马来西亚、菲律宾、印度尼西亚等东南亚国家，引起这些国家的汇率大幅下降，股市大跌、银行出现大量坏账而倒闭。随即，东亚国家也爆发了严重的金融危机，日本的一些大银行和大证券公司，如三洋证券公司、北海道拓殖银行、三一证券公司等相继倒闭。韩元也大幅贬值，韩国的韩宝、真露等大型企业集团相继破产，第一银行和汉城银行等众多信贷机构都陷入了困境。

---

1 即存款风险，具体内容见第2章。

总之，这次危机给东南亚、东亚国家的经济以沉重的打击，其中一些国家（如泰国）的经济发展水平至少倒退了10年，另一些国家（如韩国）为了挽救本国经济而不得不接受一些条件十分苛刻的外国政府和国际货币基金组织的援助。

在国际金融领域频繁发生金融危机的同时，我国国内金融市场上或金融活动中也出现了不少金融问题和金融事件。例如，1998年2月24日，中国农村发展信托投资公司由于经营严重违规，亏损巨大，被中国人民银行宣布解散。同年6月，海南发展银行被中国人民银行宣布接管，原因是自身巨额的不良贷款使银行经营难以为继。近些年来，中国的商业银行面临较大的信用风险，高比例的不良贷款极大地削弱了银行的流动性和支付能力，孕育着支付危机和挤兑风潮[1]。美国著名的信用评估机构标准普尔（Standard & Poor）公司1997年曾报道中国的银行不良贷款达2000亿美元，若以当年年底的美元兑人民币汇率1∶8.29计算，折合人民币约为1.658万亿元，如果以整个银行体系的贷款余额为基数，不良贷款率为24.3%。这个数据与国内学者推算的数据基本吻合[2]。

2. 信用风险是信用当事人遭受损失的不确定性

信用风险往往与损失联系在一起，或者说，信用风险可能导致损失。这里包括两层意思。第一，对于信用活动的一个事件来说，只要它存在着损失的可能性，就表明它存在着信用风险，但这并不意味着该事件不存在盈利的可能性。例如，银行贷款给企业，将承担较大的信用风险，但是企业如果能按时归还贷款，银行也就不会遭受损失，反而可从这一笔贷款中取得利润。这就说明，信用风险既可能使人们损失也可能为人们带来收益。由于信用风险可能导致损失，所以多数经济主体都力求回避信用风险；同时，由于信用风险也可能带来收益，所以也存在一些风险偏好者，也正是风险偏好者的存在，给风险回避者创造了转嫁、规避风险的机会。第二，信用风险指的是一种可能性，是一种结果未知的未来事件。对于已经发生的事件，如某企业不能履约归还贷款，使银行遭受100万元的损失，这一损失只是信用风险造成的结果，而非信用风险本身。前面所列举的信用事件、信用危机等实际上也都只是信用风险造成的结果，它的本身不是信用风险；当然，在它们的发生、发展过程中是有信用风险伴随的。

信用风险可能导致的损失分为直接的和潜在的两种情况。

（1）信用风险可能给行为人带来直接的损失。例如，法国老牌跨国金融集团法国里昂信贷银行自1992—1995年间连续出现巨额亏损，信贷损失高达1000亿

---

[1] 商业银行的支付危机和挤兑风潮是央行监管风险的根源之一，有关监管风险的具体内容见第5章。

[2] 许小年.《银行危机：可能性与防范》. 载《改革》. 1998（2）.

法郎（折合 170 亿美元）[1]。信用风险可能造成的损失大小是不确定的，既可能是巨大的损失，也可能是轻微的损失。一般认为，信用风险导致的可能损失越大，信用风险就越大。

（2）信用风险还可以给行为人带来潜在的损失。例如，银行贷款不能及时收回，长期债券投资者由于发行人违约不能收回债券本息等，这些因素都可能使人们失去良好的再投资机会，甚至影响正常的经营秩序。从整个国民经济来看，信用风险还会扰乱整个市场秩序，从而对经济发展产生不利的影响。

3. 信用风险的成因是信用活动中的不确定性[139]

不确定性是现实生活中客观存在的事实，它反映这一个特定事件在未来有多种可能的结果。在信用活动中，不确定性包括外在不确定性和内在不确定性两种。外在不确定性来自于经济体系之外，是经济运行过程中随机性、偶然性的变化或不可预测的趋势，如宏观经济的走势、市场资金的供求状况、政治局势、技术和资源条件等。宏观经济的走势往往呈现出萧条、上升、高涨、下降的周期性变化，各阶段的长度和对各经济变量的影响是不确定的。市场资金供求状况反映了市场上资金供给和需求的量的对比，它受到利率、一国的货币政策和财政政策等因素的影响，但是它反过来又将对利率和宏观经济政策等因素产生影响。政治局势涉及政局的稳定性和政策的连续性等。外在的不确定性也包括国外金融市场上不确定性的冲击。一般来说，外在不确定性对整个市场都会带来影响，所以外在不确定性导致的信用风险等金融风险又称为系统性风险。显然，系统性风险不可能通过投资分散化等方式来化解，只能通过某些措施来转嫁或规避。

内在不确定性来源于经济体系之内，它是由行为人主观决策及获取信息的不充分性等原因造成的，带有明显的个人特征。例如，企业的管理能力、产品的竞争能力、生产规模、信用品质等的变化都直接关系着其履约能力，甚至企业内部的人事任命、负责人的身体状况等都会影响其股票和证券的价格。特别是投机者的不可预测的炒作，更加大了内在不确定性。目前，全球每天 2 万亿美元的金融交易中，只有 2%与物质生产有关；国际金融市场上短期资本至少有 7.2 万亿美元，大量资金的交易在数秒内即可完成，虚拟资本的急剧增长和国际资本的迅速流动，使金融市场更加不稳定。内在的不确定性可以通过设定合理的规则，如企业的信息披露制度和市场交易规则等方式来降低其产生的风险，故而内在不确定性产生的风险又称为非系统性风险。

---

[1] 李晓西、何德旭．《21 世纪中国银行业风险与防范》，p87．广州：广东经济出版社，1999．

1.2.4 信用风险的后果

信用风险会给经济主体带来潜在的损失。例如，一个企业可能因贸易对象不能及时支付债务而影响生产的正常进行；银行或其他金融机构所发放的信用卡持卡人越多，那么持卡人违约、拖欠甚至破产的可能性就越大，因而给银行或其他机构带来的风险就越大，潜在的损失就越大。一家银行存在着严重的信用风险，会使消费者对存款安全产生担忧，从而导致银行资金来源减少，业务萎缩[1]。

信用风险影响投资者的预期收益。信用风险越大，则风险溢价也相应越大，于是，调整后的收益折扣率也越大。对于这一点，可以从投资的净现值公式（1-1）中看出。

$$NPV = \sum_{t=1}^{\infty} \frac{C_t}{(1 + r_t + P_t)^t} - C_0 \tag{1-1}$$

式（1-1）中，C_t、r_t分别为资产在期限t的收益和收益折扣率；P_t为风险溢价；C_0为投资额。显然，P_t越大，调整后的收益折扣率$r_t + P_t$就越大，NPV就越小，在等确定性的净现金收入就越少。

严重的信用风险会引起金融市场秩序混乱，破坏社会正常的生产和生活秩序，甚至使社会陷入恐慌，极大地破坏生产力。例如，一家银行因经营不善而倒闭会增大存款人对信用风险的警戒，可能触发银行信任危机，从而引发存款人大规模挤兑提款，严重者会导致金融制度崩溃。在1923—1933年的经济大危机中，美国平均每年有2000家大银行停业，其中1933年一年停业银行达4000家，导致信用关系中断，不仅使全社会损失了巨额的金融资产，而且导致了严重的经济衰退。又如1997年初，阿尔巴尼亚金融风暴引发了严重的政治和经济危机，导火索便是盛极一时的“金字塔投资计划”的破产[139]。

另外，信用风险等金融风险还会造成产业结构畸形发展，整个社会生产力水平下降。因为信用风险等金融风险的存在，使大量资源流向安全性较高的部门，既导致边际生产力的下降，又导致资源配置不当，一些经济中的关键部门因此发展缓慢，形成经济结构中的瓶颈。同样的原因，一些经济主体往往选择风险较低的、传统的技术方法，而一些进行技术革新的经济主体又难以筹集到开发资金或从银行获得贷款。

[1] 即存款风险造成的后果，具体见第2章。

1.3 国内外研究现状

早在 20 世纪初，爱因斯坦就曾把 Louis Bachelier 在其最著名的论文——“投机的理论”中提出的一种期权定价方法用到他的布朗运动理论中。现在，在世界最著名的金融街——华尔街大红大紫的是物理学家、数学家、计算机科学家和计量经济学家。他们正在华尔街的金融机构中发挥着重要的作用。他们试图设计出一条自己的爱因斯坦定律——统一的金融理论。诺贝尔经济奖得主 Merton 与 Black、Scholes 用一个偏微分方程推导出期权定价方程。英国伯明翰大学的 Kirill Linski 使用了费因曼的量子电动力学理论模拟金融市场动态、研究股票和期权有价证券的协调方法。Linski 还把一个由市场动态决定的股票的无风险回报比作“虚拟粒子（光子）”的吸收等，得到一系列有用的结论。

20 世纪 80 年代初因受债务危机影响，银行业普遍开始注重对信用风险的防范与管理，其结果是《巴塞尔协议》诞生了。该协议通过对不同类型资产规定不同权数来量化风险，是对银行风险比较笼统的一种分析方法。20 世纪 90 年代以后随着衍生金融工具及交易的迅猛增长，市场风险日益突出，几起震惊世界银行和金融机构的危机大案（如巴林银行、大和银行等事件）促使人们对市场风险进行关注。特别是 1997 年亚洲金融危机的爆发，世界金融业风险出现了新特点，即损失不再是由单一风险造成的，而是由信用风险和市场风险等联合造成的。金融危机促使人们更加重视市场风险与信用风险的综合模型，以及操作风险的量化问题，由此如何有效地监管银行的吸储和信贷行为引起了人们的重视[3, 13]。一些主要国际大银行和金融研究机构开始建立自己的内部风险测量与资本配置模型，从而在信用风险度量和管理这一领域经历着一场革命性的变化，新的量化度量、管理方法和技术如雨后春笋般不断涌现。主要进展包括 J.P. Morgan（1997）建立的 Credit-Metrics 模型[34, 77, 103]，KMV 公司建立的 KMV 模型[75, 76, 78, 79, 95, 96]，Mckinsey 公司的 Credit-Portfolio-View 模型[93, 126]，瑞士信贷银行的 Credit-Risk$^+$ 模型[22]和 RAROC 模型[39, 65, 128]，KPMG 公司的贷款分析体系[25, 81, 82]，死亡模型等。

由于历史和体制的原因，我国关于金融风险理论的研究起步较晚。20 世纪 90 年代初，国有银行的商业化体制改革及中国证券市场的建立为金融风险研究打开了现实之门。此后几年，我国学者在这一领域做出了许多重要的、创造性的贡献[130−151]，具体如下。

石泉、建平在《江西社会科学》1996 年第 10 期发表文章“国有商业银行信用风险的防范”，从贷款风险的角度来衡量我国存款性金融机构面临的风险；朱瑞鹏、赵云霄从资本分析角度考虑防范信用风险的基本手段，文章发表在《天津商学院学报》1996 年 02 期[151]；陕西财经学院金融系的薛峰在企业行为与银行信用风险关系方面做了一部分工作[144]。李锦彰在 1998 年 3 月的《城市金融论坛》中发表文章，从价值取向与伦理学角度探讨信用风险的防范[136]；西安交通大学的程小伟、陈伟忠研究了我国国有银行信用风险的特性及其相应措施[131]；华中理工大学的李科从探究存款保险制度来寻找商业银行信用风险的防范机制[137]；安徽财贸学院金融系的汪宗俊也专门对国有商业银行信用风险的控制进行了探讨；天津大学管理学院的王春峰、李汶华提出评估商业银行信用风险的一个新型模型——“投影寻踪判别分析模型”[142]，此外王春峰还与万海晖、张维一起对商业银行的信用风险评估做了实证研究[143]；天津大学的张维、李玉霜、王春峰又研究了递归分类树在信用风险分析中的应用等[149]。

尽管如此，我国学者的研究绝大多数是从伦理学范畴的社会信用角度，就经济学意义上的信用风险做的定性式研究工作，通常用于经济政策和防范制度的制定，却很少从金融数学风险度量角度来定量分析信用风险的违约率、补偿率等关键参数。因此，如何从数理金融角度为商业银行信用风险提供量化管理模型和评估工具还是有很多工作值得研究的。

1.4 本书的研究内容及整体结构

本书的重点在存款性金融机构[1]的信用风险，研究如何保持体制转型期银行体系的稳定，为整个经济的市场化改革创造良好的金融环境。本书的研究内容总体上可以分为 3 部分：①立足于储户角度的存款风险模型；②立足于商业银行角度的信贷风险模型；③立足于国家央行角度的监管风险模型。本书力图建立一种分析我国商业银行信用风险的研究框架和方法，从构成商业银行信用风险的成因（信贷风险）入手，提出控制信用风险的措施和模型，并分析了新的制度可能会带来的道德风险（Moral Hazard）的监管问题[100]，给出了对应的博弈模型，接着在承认存在违约风险（Default Risk）的条件下，从储户规避风险期望收益的角度提出存款策略模型，对其进行理论分析，给出算法和算例，并针对中国的实际情况进一步做实证研究。

本书采用图 1-3 的研究思路。首先，要建立一个商业银行信用风险构成因素的分析框架，明确研究范围为存款性金融机构的信用风险；其次，从储户利益角

---

[1]如前所述，存款性金融机构是指有权开展储蓄和贷款业务的专业银行，以下如不做说明，用商业银行代替所有存款性金融机构。

度出发，在前述的框架下引入储户认识到银行违约风险后会理性选择最优的储蓄项目和银行的存款策略模型，研究其基本性质，结合我国商业银行当前的实际情况给出了案例分析；第三，从商业银行规避信用风险的角度，详细介绍了当前国际上占主导地位的 6 种信用风险评估模型，并比较了它们的优缺点，对我国银行业具有很好的借鉴意义；最后，从国家央行规避信用风险的角度，提出存款保险制度，并揭示我国央行与商业银行之间实际上隐含地存在此种关系，较为详尽地分析了存款保险制度系统理论框架，提出了存款保险的博弈模型与储备金费率、补偿率的算法，并根据五家国有商业银行的实际情况做了详细的实证研究。具体来说，有 5 点研究内容。

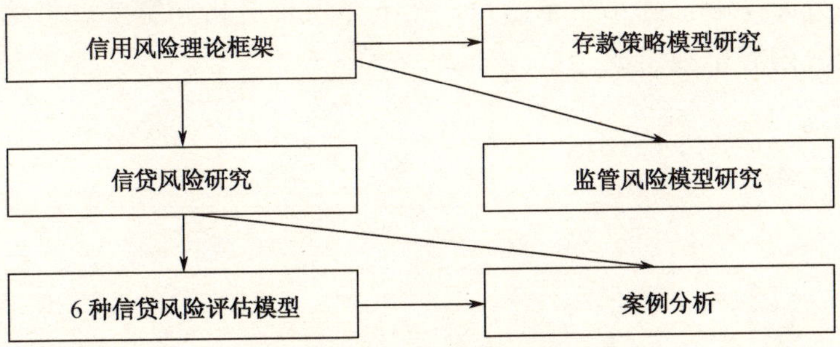

图 1-3 本书的研究思路

（1）建立信用风险的基本理论体系，阐述现代信用风险的基本概念及其形成的原因。接着明确存款性金融机构的含义，约束本书对信用风险的研究范围，确定三个研究方向：存款风险、信贷风险和监管风险。

（2）建立储户存款风险策略模型。从储户利益出发，分析储户在有风险条件下的存款策略。参照结构化蒙特·卡罗方法，给出一个新的衡量银行存款资产收益期望的数学模型，并由此导出银行最大违约概率的一个上确界，最后结合 VaR 监管体系下银行信息披露对此模型进行案例研究。

（3）在信贷风险成因分析框架下，按照信用风险度量和管理方法、模型发展的历史顺序，全面、系统地介绍和分析了自 20 世纪 60 年代以来在西方发达国家较为流行的信用风险评估模型和方法。按发展过程划分，这些模型分为两类：第一类为古典的风险度量和管理模型，包括专家制度模型、Z-SCORE 模型和 ZETA 模型；第二类为现代信用风险量化和管理模型，包括 J.P. Morgan 的 Credit-Metrics 模型、KMV 公司的 KMV 模型和瑞士信贷银行的 Credit Risk^{+}模型。

（4）从国家规避信用风险的角度出发，对监管风险进行研究，提出了存款保险制度。简要说明了存款保险制度的产生过程及其在西方国家应用的基本现状，接着详细分析了我国采用这种存款保险制度的可能性和利弊分析，最后提出一个存款保险制度的两阶段博弈模型，推导出最佳储备金费率（央行策略）和最佳资产申报额（商业银行策略）的表达式。

（5）基于欧式期权的补偿率 f 的研究。我国的储备金上缴制度可以看作存款保险合约的费用，而这种合约类似于由存款保险公司（央行）出售的一份对银行资产价值的卖出期权。这部分工作主要是设计了一种基于莱克·修斯公式的欧式期权定价方法，提出了计算银行资产储备金费率的一个新的数学方法，适用于指导央行制定最佳金融储备金费率。然后据此从投保银行的角度来反向考虑，导出投保银行得到补偿率的一个上确界，最后给出算例。在央行目前实行单一储备金费率的条件下具有一定的参考意义。

本书共分为 7 章，除第 1 章绪论、第 6 章实证分析和第 7 章总结与展望外，以上每个研究内容单独组成一章。

第2章　基于结构化蒙特·卡罗方法的存款风险模型

本章首先简要介绍了存款资产及其收益存在着的不确定性，并首次明确给出了存款风险的概念。接着构造了一个基于结构化蒙特·卡罗方法的衡量银行存款资产收益期望的数学模型[1]。然后，由此模型推导出了在一定收益率条件下储户可以接受的银行最大违约概率的一个新的算法，同时结合 VaR 监管体系下银行信息披露对此模型进行理论探讨。最后给出案例分析。

2.1　存款资产及其收益的不确定性

目前在我国银行市场化改革的初始阶段，经济中的各个代理人都逐渐接受风险的概念。存款人初次意识到银行可能由于经营不善而不能支付存款合约承诺的本利，自身的利益因为银行的风险而可能受到损失。存款人为应付这一变化，时刻搜集与银行经营有关的信息，监督银行的资产风险和资本充足率。一旦预见到银行的风险过度就应以最快速度提出存款。银行不仅意识到其经营的状况和资产的选择可能影响到自身的安全，而且意识到其行为被存款人监督并影响到存款人对银行风险的预期。银行为了应付这一正的破产概率，一方面要谨慎地选择资产组合使自身利润最大化，另一方面要努力地令存款人相信其安全性和流动性以避免存款人的挤兑。

国有商业银行在原有体制下承担了大量政策性贷款的义务，而且银行的资产主要受政府的行政干预，其经营原则不是以利润为目标，而主要是服务上级的利益。在政府隐含的担保下，银行能够承受无穷大的风险。存款人在旧的金融体制下一向认为银行是国家的，国家不会让银行倒闭。因而，存款人对银行的破产没有任何认识，银行因为有政府做后盾，应该是100%的安全。国有银行因为其运行机制的非市场化和政府的隐性担保，对资产风险的选择权较小，因此国有银行为

[1]蒋洪迅，邱菀华. 信用风险下存款收益模型研究. 系统工程理论与实践. 2002，11.

了政府利益可以承担极大风险。与此同时，存款人对银行的极大风险没有任何担心，认为银行破产的概率为零。然而从市场机制的角度看，这是一个非常荒谬的概念。在我国银行业引入完全的市场机制后，无论是银行和存款人都应该具有风险的概念，从认识风险到接受和承担风险，再到量化评估风险需要一个过程，所以我们提出这个对存款风险量化管理的模型。

2.2 存款风险概念的提出

银行是个高风险的行业，它本身就在各种不确定的因素中进行经营，不仅面临着来自利率、汇率波动，购买力变化，宏观政策调整及人为事故和自然灾害等方面的风险，更主要的还是信用风险。信用风险又称违约风险，狭义的信用风险是指贷款不能按期收回或变为坏账及存款人挤兑存款的风险，这是银行业务中随时可能发生的主要风险。信用风险与存款风险联系紧密。存款风险是指存款人存入金融机构的款项到期不能全部提取本金和利息而遭受损失的可能性。银行资产的主要来源是社会公众的存款，银行吸收存款的最终目标是通过运用存款获取利润。商业银行只要运用存款，都要承担或大或小的风险，这种风险一旦成为现实，就会使存款人的资金受到损失，银行到期不能支付，存款到期就不能提取，挤兑则将会必然发生。存款人存款风险的激化导致了商业银行信用的危机，信用风险增大反过来又加大存款风险。从这种角度来看，存款风险代表了信用风险。银行存款是存款人拥有的金融资产，银行经营不善或倒闭必将损害存款人的利益，从而引起社会的不安定。

2.3 结构化蒙特·卡罗方法[1]

1942 年，一些在洛斯阿拉莫斯（Los Alamos）从事原子弹制造的科学家最先使用数值随机模拟方法。当时，他们在研究中碰到了一些用常规方法无法解决的难题，只得另辟蹊径地选用一种随机模拟方法[2]。“蒙特·卡罗方法”主要是利用

---

[1] Philippe Jorion, Value at Risk: the new Benchmark for controlling derivatives risk, The McGrrao-Hill Companies, 1997.

[2] “蒙特·卡罗”这个名字取自 1862 年建立在摩纳哥的著名大赌场。事实上，随机模拟方法与赌博业的渊源很深。

计算机随机模拟出金融变量的随机价格走势，并以此来近似揭示该金融变量的市场特性。

在金融和证券市场的研究中，人们通常先用结构化蒙特·卡罗方法[1]模拟出投资组合在指定日期的各种不同的价格走势，然后由这些模拟价格导出投资组合在指定日期的价格分布，最后从分布中一目了然地读出投资组合的受险价值量。

SMC 所能度量的风险范围很广，包括价格风险、波动风险和信用风险，若使用不同模型，它还能度量最为隐蔽的一种风险，即模型风险。由此可见，SMC 是衡量金融风险的最全面的数值分析方法。SMC 的基本思路是：重复多次地模拟感兴趣的金融变量的随机走势，以求涵盖其各种各样的价格变化情况。因此，随机模拟的过程就是再塑投资组合价值分布的过程。

2.3.1　价格走势的随机模拟

下面举一个价格走势随机模拟的例子来说明。模拟的第一步是选择一个随机模型。该模型产生的模拟价格走势应与市场真实表现基本相符，这是这个模拟过程最关键的一步。常用的随机模型是几何布朗运动模型（GBM）。该模型假设：

（1）资产价格的变化之间没有关系；

（2）价格的微小变化可以用式 2-1 度量：

$$\mathrm{d}S_t = \mu_t S_t \mathrm{d}t + \sigma_t S_t \mathrm{d}z \tag{2-1}$$

这里 dz 是均值为 0，方差为 dt 的正态随机变量，它与以往信息无关并对价格有随机影响。该模型的“布朗特性”主要表现在：由正态随机变量 dz 的方差 $V(\mathrm{d}z)=\mathrm{d}t$ 可知，时间间隔越短方差越小，引起的价格变化越小，所以价格的方差随时间间隔的缩短而连续递减，这就从根本上排除了那些极短时间内价格可能发生突变的随机模型。该模型的“几何特征”是指：模型中的所有参数都以现价 S_t 来衡量，如 μ_t 和 σ_t 。

参数 μ_t 和 σ_t 分别代表 t 时刻的 λ_t 变化瞬间幅度和波动程度，它们都随时间而变化。为简单起见，可以假设在以下情况下，μ_t 和 σ_t 为常数。但由于 μ_t 和 σ_t 可能是过去一些变量的函数，文献[107]认为，比较简便的方法是像 GARCH 模型中那样，直接对方差随时间变化的随机变量进行模拟。

实际运用中，将模型中极微小的时间片断 dt 用它的离散形式 Δt 来近似，定义 t 为当前时刻、T 为目标时刻，那么 $\tau=T-t$ 就是到期持续期。为了在持续期 τ 中产生一连串的随机变量 S_{t+i} ，可先将持续期 τ 分成 n 个区间，使得 $\Delta t=\tau/n$ 。

---

[1] Structural Monte Carlo，以下简称 SMC.

对 $\frac{\mathrm{d}S}{S}$ 关于有限的区间 Δt 进行积分，近似得到：

$$\Delta S_t = S_{t-1}(\mu\Delta t + \sigma\varepsilon\sqrt{\Delta t}) \tag{2-2}$$

这里 ε 服从均值为 0、标准差为 1 的标准正态分布。可以证明，由此产生的均值 $E[\frac{\Delta S}{S}] = \mu\Delta t$ 与 $V[\frac{\Delta S}{S}] = \sigma^2\Delta t$ 都与区间 Δt 成正比。

为了模拟随机变量 S 的价格走势，可从当前时刻的价格 S_t 出发，先按 $i = 1,2,\cdots,n$ 的顺序求出一系列 ε，然后由 $S_{t+1} = S_t + S_t(\mu\Delta t + \sigma\varepsilon_1\sqrt{\Delta t})$ 求出 S_{t+1}，类似地，S_{t+2} 就等于 $S_{t+1} + S_{t+1}(\mu\Delta t + \sigma\varepsilon_2\sqrt{\Delta t})$，以此类推直至目标时刻 T，这时 $S_{t+n} = S_T$。这就模拟出了随机变量 S 的未来走势。

表 2-1 根据模型给出了随机变量的一个模拟价格走势。表中假设持续期 τ 内价格变动的平均幅度μ为 0，波动程度（标准差）σ 为 10%，初始价格 S_t 为 100 美元，n 等于 100。所以，随机变量 S 在区间 Δt 上的波动为 $0.10\times\sqrt{1/100} = 0.01$。

表 2-1 中第 2 列的模拟价格走势是从初始价格开始的，在产生了标准正态分布的随机数后，依据式（2-2）给出；第 3 列就是标准正态分布的随机数；因为 $\mu = 0$，所以第 4 列表示的增量简化为 $\varepsilon\times 0.01$；最后一列就是根据前一个价格和增量算出的当前价格。每一个价格的模拟都是以前一个价格为基础的，这个过程不断重复直至第 100 步模拟出结束时刻的价格 91.60 美元为止。

表 2-1　随机模拟出的一个价格走势

步　骤	前一价格	随机变量	增量	当前价格
i	S_{t+i-1}	ε_i	ΔS	S_{t+i}
1	100.00	0.199	0.00199	100.20
2	100.20	1.665	0.01665	101.87
3	101.87	−0.445	-0.00446	101.41
4	101.41	−0.667	-0.00668	100.74
…	…	…	…	…
100	92.47	1.153	-0.01153	91.06

SMC 易受模型风险的影响。如果第一步中所选的随机模型与实际价格走势不符，那么据此计算出的结果也不可信，所以随机模型的确定极其重要。虽然几何布朗运动模型充分描述了一些金融变量的市场表现，但它对短期的固定收入证券来说完全不适用。另外，在几何布朗运动模型中，对价格的冲击不具有回归特征，这与无风险债券的价格走势不一样，这些债券在到期日临近时，其价格总是向面值收敛的。

2.3.2 随机数的产生

蒙特·卡罗随机模拟是以服从特定概率分布的随机变量的随机抽样为基础的，这种数值分析的方法主要分成两步。

要产生服从特定概率分布的随机数，第一步就从服从[0,1]上均匀分布的随机变量 χ 出发，产生一系列[0,1]上均匀分布的随机数。这些随机数是伪随机的，因为它们是按某种算法依次产生的，而这种算法是依据事先确定的准则建立的；另外，随机数的产生都源自同一个作为“根”的数，所以同样一批随机数可以任意重复多次。

第二步是通过累积密度函数（pdf）的逆函数，将[0,1]上均匀分布的随机数 χ 转化为服从特定分布的随机数。比如对正态分布来说，由累积密度函数的定义知道，$N(y)$ 总在 0 和 1 之间，所以为了得到正态分布的随机数，只要计算 y，使得 $x = N(y)$。当 $N(y)$ 可逆时，就有 $y = N^{-1}(x)$。推广到一般情况下，只要 $N(y)$ 可逆，就能用上述方法产生服从特定分布的随机数。

在随机数的产生过程中次序问题是一个重要的制约。理论上，产生相互独立的随机数是件容易的事情，但在实际操作过程中却很困难。一个好的随机数产生方法必须满足如下条件：产生的随机数能通过所有的常规独立性检验。否则，模拟价格过程的特征将与基本模型不吻合。遗憾的是，大多数产生随机数的算法简单但不精确。目前，所有算法在产生若干随机数之后就会发生“循环”现象，即重复出现一系列相同的伪随机数。一些优良的算法在产生几十亿个随机数后会发生这种情况，但一些差的算法或许在几千次后就产生循环现象。

如果循环现象出现得太频繁，势必会影响模拟价格走势，使模拟的价格之间由于随机数的原因出现相关性，致使没有涵盖所有可能的价格范围，从而得出错误的结果。这也是再三讨论随机数算法的意义所在，毕竟它关系到整个计算结论的准确性。

2.4 违约风险下的存款收益模型

结构化蒙特·卡罗方法可以用来分析银行有可能违约的情况，其目标是用来测定从现在时刻 t 到将来时刻 T 之间的信用风险下存款的资产收益期望。

取时间阶段 $\tau = T - t$（$\tau \geqslant 0$），并将它分为 n 份，每个时间增量 $\Delta t = \tau / n$。首先定义一个无风险资产的价值 Q_t，假定这种资产同所要考虑的资产除了在可能违约方面以外，其他条件都相同。定义 λ 为瞬时的违约随机率，则在时间间隔 Δt 内，可能发生的违约为 $\lambda\Delta t$ 。假定在违约后，能够给储户一定的补偿，定义 f 为补偿率，也可以将它看作违约后重新履行合约的概率，它可以根据历史数据的经验加以模型化。

存款风险的资产价值 $Q^*_{t+\Delta t}$ 是从不违约的可能性 $(1-\lambda\Delta t)$ 及违约的可能性 $\lambda\Delta t$ 之间算出的[1]，即

$$Q^*_{t+\Delta t}=(1-\lambda\Delta t)\cdot Q_t+\lambda\Delta t\cdot fQ_t \tag{2-3}$$

一般来讲，违约随机率 λ_t 的大小随着时间的变化而变化。违约事件通常与经济环境有关，且同经济周期相关的。此外，它还取决于存款持续期的长短、银行的核心资产额度、地理和行业差异，以及经济运行状况。违约随机率 λ_t 可以设为如下模型[2]：

$$\mathrm{d}\lambda_t=\mu_t\mathrm{d}t+\sigma_t\mathrm{d}z \tag{2-4}$$

μ_t 和 σ_t 分别代表 t 时刻 λ_t 变化瞬间幅度和波动程度，它们都随时间而变化。λ_t 值的确定可以采用 SMC 方法以随机的形式表现出来。

假设 λ_t 在整个研究时间段 τ 期间内是常数，那么在 T 时刻银行不违约积累可能性概率为 $(1-\lambda\Delta t)^n$ ，当 n 趋于无穷大时，

$$(1-\lambda\Delta t)^n=(1-\lambda\tau/n)^n\xrightarrow{n\to\infty}\mathrm{e}^{-\lambda\tau} \tag{2-5}$$

也就是随着 n 的增加，总违约率成为 $1-\mathrm{e}^{-\lambda\tau}$ ，那么截止期的预期收益为：

$$Q^*_T=\mathrm{e}^{-\lambda\tau}Q_T+(1-\mathrm{e}^{-\lambda\tau})fQ_T=fQ_T+(1-f)\mathrm{e}^{-\lambda\tau}Q_T \tag{2-6}$$

由此可见，信用风险存款期望价值是由无风险资产的一部分和信用风险的概率乘以损失两部分构成的。

假设补偿率 f 为零，则有

$$Q^*_T=\mathrm{e}^{-\lambda\tau}Q_t \tag{2-7}$$

2.5　银行最大违约随机率上限研究

一般来说，计算银行破产率通常是从金融机构风险控制管理的角度，从规避信用风险的思路出发的。然而，作为储户（投资者、债权人）最关心的还是自己选择的银行是否存在信用风险，其风险能不能够带来相对应的额外收益。因此，

[1] Philippe Jorion, Value at Risk: the new Benchmark for controlling derivatives risk, Chapter 13 “Credit Risk”, The McGrrao-Hill Companies, Inc., 1997.

[2] 违约率受宏观经济周期影响的问题，有学者认为违约率服从伽玛（gamma）分布，具体内容请参见第 4 章的“Credit Risk+模型”一节。

储户同样需要考虑银行最大违约随机率。

出于两方面的需要，下面将推导出一个银行最大违约率的上限值的计算模型。这个模型基于以下 3 条假设条件。

（1）存款风险只来源于银行的破产倒闭。因此，可以认为违约随机率等于破产随机率。假设瞬时的违约随机率 λ 确定，且补偿率 f=0。

（2）理论上存在一家无信用风险的银行，其瞬时违约随机率 λ^*=0。利率为 γ^0 。

（3）在研究期间，不考虑利率波动。风险利率（收益率）γ 和无风险利率 γ^0 均为常量，且 $0 \leqslant \gamma^0 \leqslant \gamma$ 。

在上述假设条件下，预期的信用损失可以由式（2-8）表示：

$$\text{Expected credit loss} = P_t(\text{risk\_free}) - P_t^*(\text{risky}) \tag{2-8}$$

首先考虑银行的计息为单利的情况，定期 τ 整存整取存款，应用式（2-8），令信用风险带来的收益为 0，则有

$$Q_t(\text{risk\_free}) - Q_t^*(\text{risky}) = (1+\tau\gamma^0)Q_t - \mathrm{e}^{-\lambda\tau}(1+\tau\gamma)Q_t \equiv 0 \tag{2-9}$$

由此可以导出：

定理一：单利存款银行违约随机率为

$$\lambda^* = -\frac{1}{\tau}\ln\left(\frac{1+\tau\gamma^0}{1+\tau\gamma}\right) \tag{2-10}$$

储户存款选择原则：

$$0 \leqslant \lambda < \lambda^* \tag{2-11}$$

此处得到的 λ^* 为储户可以或愿意承受的最大违约随机率，如果储户认为银行的 $\lambda \geqslant \lambda^*$，则根据理性原则，储户一定会将存款放到无风险银行。

分析单利存款银行违约随机率（式 2-10），可以得出以下推论：

（1）由于 $0 \leqslant \gamma^0 \leqslant \gamma$ ，所以得出的 $\lambda^* \geqslant 0$ 。

（2）λ^* 的大小随时间 τ 变化。τ 越大，λ^* 越小。这意味着定期存款期限越长，储户越关注其违约的可能性。

（3）风险收益率 γ 可以表示为 $\gamma = \gamma^0 + \alpha$ ，这里的 $\alpha = \gamma - \gamma^0$ 可以看作信用风险贴水。则式（2-10）可以表示为式（2-12）：

$$\lambda^* = -\frac{1}{\tau}\ln\left(\frac{1+\tau\gamma^0}{1+\tau(\gamma^0+\alpha)}\right) \tag{2-12}$$

所以，当信用风险贴水 α 越大时，λ^* 越大，说明只要收益高，冒风险是值得的。而 α 确定时，γ^0 越大时，λ^* 越小。可见，若无风险利率较高，储户就不应再因蝇头小利而冒信用风险。

在考虑银行按复利计息的情况下，或活期存款或短期存款储户重复 τ 次，同

样令式（2-8）信用风险带来的收益为 0，则有

$$Q_t(\text{risk\_free}) - Q_t^*(\text{risky}) = (1+\gamma^0)^\tau Q_t - \mathrm{e}^{-\lambda\tau}(1+\gamma)^\tau Q_t \equiv 0 \tag{2-13}$$

由此，可以推导出：

定理二： 复利（或活期）存款银行违约随机率为

$$\lambda^* = -\ln\left(\frac{1+\gamma^0}{1+\gamma}\right) \tag{2-14}$$

分析复利存款银行违约随机率式（2-14），可以得出以下推论：

（1）同样 $0 \leqslant \gamma^0 \leqslant \gamma$，所以得出的 $\lambda^* \geqslant 0$。

（2）复利存款模式下，λ^* 的大小与时间期限 τ 无关。

（3）同样地信用贴水 α 越大时，λ^* 越大，而当 α 确定时，γ^0 越大，λ^* 越小。

2.6 对银行破产随机率 λ 及假设条件的进一步讨论

2.6.1 如何获知银行破产随机率 λ

综上所述，作为储户，在可能的条件下，应当获知自己存款银行的破产随机率状况。一般来说，这些信息的获知可以通过以下两条途径：一是信用评级机构穆迪公司下属的 KMV 公司定期公布的企业预期违约概率（EDF）报告；二是用来自金融机构的 VaR 的信息披露来判断其破产随机率 λ 的范围。第一条途径所涉及的模型和算法在后面第 4 章中有专门的评述。下面专门解释一下第二种信息获知的方法。

这里先来看一下巴塞尔委员会关于 VaR 的定义及其用途描述[1]：VaR 是在正常的市场环境下，给定一定的时间区间和置信度水平，测度预期最大损失的方法。这种方法建立在可靠的科学基础之上，为人们提供一种关于市场风险的综合性度量。VaR 的信息披露能够用于在较高层次上评估交易及投资过程中的风险管理状况；同时，以非技术的形式向股东、债权人传达一个公司存在的各种金融风险。

例如，某家银行每天各种证券交易在 99%置信度水平下 VaR 值为 5500 万美元，这就表示在正常的市场环境下，进行 100 次交易只存在 1 次损失超过 5500 万美元的可能性。

在上例中，假设这家银行若损失 5500 万美元就会导致其破产清盘，则储户可以从这个 VaR 信息披露中近似地认为这家银行的瞬时破产随机率为 1%。

---

[1] VaR 的具体说明请参见本书第 4 章的“基于 VaR 方法的 Credit-Metrics 模型”一节。

2.6.2 关于假设条件的进一步讨论

（1）一般来说，银行对存款的违约原因除了破产外还可能出于政策变化、法律风险、资产重组等诸多原因，所以说银行的违约率一定会大于至少会等于其破产率。因此，模型得出的 λ^* 应该乘以一个系数 ω，其中 ω 可以根据历史经验数据确定的模型分析（本模型中取 $\omega=1$）。破产随机率 λ 的大小随时间变化，也同经济周期及所在国家有关。为了保护那些无法监控银行的成千上万的小储户的利益，一些国家政府对银行存款提供担保。然而，这种担保会带来额外的被称作道德风险（Moral Hazard）的问题。对于这类道德风险和随之而来的监管问题，在本书第 5 章中专门将这个问题模型化并加以分析。

（2）实际上，可以认为确实存在一家零信用风险的银行。例如，认定其利率比较低，等同于银行间的资金拆借率 γ^0 等。最极端情况是，储户将资产干脆不存入银行，那么 $\gamma^0=0$，即零信用风险。因此，此假设条件为弱假设。

（3）事实上，不考虑利率波动在实际应用中是不可行的。由于我国 20 世纪 80 年代末 90 年代初的通货膨胀导致利率持续走高，而 20 世纪 90 年代末的通货紧缩使利率一降再降[1]，这些年来我国城乡个人储蓄利率一直在调整变动之中。将来，我国开放外汇市场，采取人民币外币自由兑换以后利率将具有更大的波动性。因此，上述计算模型的第三条假设属于较强假设条件。

2.7 算例

为了说明最大违约率的计算步骤，这里设计了一个案例来进行计算。

设理论上无信用风险的银行利率 $\gamma^0=0$，假定所有银行的补偿率 $f=0$，$\omega=1$，取我国现在 3 年期的固定存款利率 2.70%，并考虑我国现在有 20%的储蓄税问题，所以单利条件下的 λ^* 计算公式（2-10）变为

$$\lambda^* = -\frac{1}{\tau}\ln\left(\frac{1}{1+0.8\tau\gamma}\right) = -\frac{1}{3}\ln\left(\frac{1}{1+0.8\times 3\times 0.027}\right) = 2.09\% \qquad (2\text{-}15)$$

而复利的情况由式（2-14）变为

$$\lambda^* = -\ln\left(\frac{1}{1+0.8\gamma}\right) = -\ln\left(\frac{1}{1+0.8\times 0.027}\right) = 2.14\% \qquad (2\text{-}16)$$

上面仅仅以 3 年期整存整取一种存款类型为算例，对存款风险模型的计算步

---

[1] 最近 7 年利率的变动情况请参见表 6-2“金融机构法定存款利率表”。

骤做了简单描述。实际上，根据不同的存款类型，其对应的最大违约率λ^*也有所不同，同时由于利率的波动，相同一种存款类型在不同时期的λ^*也不同，其中也是有规律可以遵循的，具体请参见第 6 章 6.1 节的案例分析内容。

2.8 小结

从本质上来说，存款性金融机构（商业银行）的信用风险可以从两个方面来分析和阐述，一是构成的原因，二是产生的结果。国内外专门研究信用风险的学者对前者，即银行的信贷风险做的工作比较多，也比较深入，构造了许多定性和定量分析模型，对此作者在本书第 3 章和第 4 章有专门论述，并且针对中国的情况做了细致的案例分析；而银行出现信用风险所带来的后果，即储户的存款丧失和社会动荡，很少有学者对此做定量研究。实际上，银行出现信用危机，一个是储户的存款受损，另一个是上级主管银行出资收拾烂摊子，这就构成了信用风险的另外两个层面：储户的存款风险和央行的监管风险。通过对国内外的文献进行研究，至今还没有对存款风险进行定量分析的研究成果，本章内容就是首次专门研究存款风险的模型构造和实证分析。后一种风险分析笔者同样构造了两种模型，并针对中国的情况做了详细的实证研究，在第 5 章有详细论述。

本章从信用资产风险-收益理论的角度出发，分析了存款性金融机构信用风险的第一个层面，即存款风险，并借用结构化蒙特・卡罗方法构造了一个评估存款风险的储户存款策略模型，由此推导出最大违约率λ^*。这个最大违约率λ^*的意义就在于它为储户提供了一个理论值上的策略指导，即储户了解到某个存款种类的利率（收益率），通过该模型推导出对应的最大违约率λ^*，风险收益的策略就是存款期限内的违约概率不能大于这个λ^*，否则得到的收益抵偿不了对应的风险，应该选择其他存款项目或其他银行。

在我国，存款性金融机构的存款项目具有其特殊性，即所有银行相同项目的利率都是相同的，均由央行统一制定。根据这个模型的基本理念，这种情形是不合情理的，因为不同银行的资产规模、信用历史、服务水平都是不同的，尤其是自身资产占总资产的比率是不同的，所以风险水平就不同，利率也应不同。因此，目前而言，在我国该模型计算还不能直接促使储户选择不同的银行来获取高风险带来的高收益。即便如此，此模型案例分析仍然给我们带来一些有意义的结论，如 2.7 节的算例，三年期存款项目计算出的$\lambda^*=0.0209$，就是说在三年持续期内，银行资产的日变动造成的损失大于自身资产额的次数最多占总数的 2%左右，否则储户承受的风险就超过得到的收益。由此可见我国目前各项利率 γ 太低了，这意味着带来的收益低到要求极低的风险。

本章的内容作为一篇独立的论文发表的时候，我国尚没有加入 WTO（世界贸易组织），我国的储蓄业务还没有对外资银行开放。从 2001 年 11 月我国加入世贸组织以来，我国承诺银行业务将逐渐向外资银行开放，相同储蓄种类的不同银行的利率将会有所变化，上述存款风险模型将会有更大的用武之地。而在此情况下，我国各个商业银行如何平衡金融领域各方面的收益与风险，确定合理的存款项目和利率水平，是我们将来要进一步探讨的课题。

第3章　基于财务比率的信贷风险度量方法研究

本章首先详尽介绍三种传统的信用风险度量模型，它们的共同特征是在进行信用分析过程中主要依赖于由被评估对象提供或风险分析师主动收集到的大量财务比率指标来分析和评估风险暴露及信用等级。本章 3.2、3.4、3.5 节系统地总结了这三种模型各自的性质、特点和适用范围。虽然这些传统度量方法已经不是信用风险研究的前沿，但由于目前我国许多银行仍然在使用这些基本的方法，且其中很多好思想和主张仍具有很大影响，因此有必要对它们进行细致的分析和比较。我国银行目前采用的主要是专家制度模型，本章 3.3 节以中国工商银行的审贷决策分析系统[1]为例，详细介绍了国内现行使用的信用分析模型和信用分析过程。在第 6 章案例分析中，根据本章的 Z-SCORE 模型并结合康佳集团股份公司的中报、年报数据做了实证研究，最后对案例结果进行分析并得出相应的结论。

3.1　引言

信贷风险是指借款人因各种原因未能及时、足额偿还债务或银行贷款而违约的可能性。发生违约时，债权人或银行必将因为未能得到预期的收益而承担财务上的损失。信贷风险通常是由两方面原因造成的[3]：①经济运行的周期性。在处于经济扩张时期，信用风险降低，因为较强的赢利能力使总体违约率降低。在处于经济紧缩时期，信用风险增加，因为赢利情况总体恶化，借款人因各种原因不能及时足额还款的可能性增加。②对于公司经营有影响的特殊事件的发生。这种特殊事件的发生与经济运行周期无关，并且对公司经营有重要的影响。例如，财务审计的质量诉讼。举一个具体事例来说：当美国能源业界巨头安然（Enron）公司财务假账丑闻被披露后，所发生的会计审计的责任诉讼使安达信——一个著名的全球五大会计师事务所中处于领头羊位置的公

---

[1] 该系统的中文名称全称为“中国工商银行审贷决策分析系统”，简称为“审贷决策分析系统”。英文名称全称为 Loan Examination Decision Analysis System of ICBC，缩写为 LEDAS。

司分崩离析并负有连带责任。

信用风险与信贷风险是两个既有联系又有区别的概念。信贷风险是指在信贷过程中，由于各种不确定性，使贷款人不能按时偿还贷款，造成银行贷款本金及利息损失的可能性。对于商业银行来说，信贷风险与信用风险的主体是一致的，即均是由于债务人信用状况发生变动给银行经营带来的风险。二者的不同点在于其所包含的金融资产的范围，信用风险不仅包括贷款风险，还包括存在于其他表内、表外的业务，如贷款承诺、证券投资、金融衍生工具中的风险。由于贷款业务仍然是商业银行的主要业务，所以信贷风险是商业银行信用风险管理的主要对象。从本质上来讲，信贷风险从属于信用风险，是信用风险最主要的组成部分，也有学者称之为商业银行的狭义信用风险[1]。

对于信贷风险研究领域，国外学术界对此研究得比较深入、透彻，提出了许多评估其风险的模型和算法，按照信用风险度量和管理方法、模型发展的历史顺序，可以将这些模型分为两大类：一类是借助于各种报表提供的静态财政数据，进而通过分析经济主体的各种信息来相对主观地评价其信用质量的古典模型；另一类是基于现代经济金融理论发展起来的现代信用风险量化管理模型。本章将按以下顺序全面、系统地介绍第一类古典模型：专家系统、Z-SCORE 模型、ZETA 模型。

3.2　基于 5C 的专家系统模型研究

专家系统（Expert System）又称专家制度，是一种最古老的信用风险分析方法，几乎是与银行业的信贷业务同时诞生的。它是商业银行在长期信贷活动中形成的一种行之有效的信用风险分析和管理制度。这种方法的最大特征就是：银行信贷的决策权是由该机构中那些经过长期训练、具有丰富经验的信贷官员所掌握的，并由他们做出是否贷款的决定。因此，在信贷决策过程中，信贷官的专业知识、主观判断及某些要考虑的关键要素的权重都是十分重要的决定因素。

在专家制度下，由于各商业银行的自身条件不同，所以在对借款人进行信用分析时所涉及的内容也不尽相同。但是绝大多数银行都将重点集中在借款人的“5C”上，即品德与声望（Character）、资格与能力（Capacity）、资金实力（Capital or Cash）、担保（Collateral）、经营条件与商业周期（Condition）。

下面逐一对“5C”的具体内容加以简要说明。

---

[1] 具体参见第 1 章“信用风险的含义”。

（1）品德与声望（Character）。品德与声望主要是指借款人偿债的意愿和诚意。信贷官必须确定借款人对贷款资金的使用是否有明确的、符合银行贷款政策的目的，是否具有负责任的态度和真诚的还款意愿。贷款用途的真实性、使用资金的责任心、按时还款的真诚性可以通过高品质借款人与银行、其他债权人及借款的客户的关系反映出来。因此，信贷官应认真分析借款人的信用状况、过去的偿债记录、与银行的全面关系及与客户的往来关系。

（2）资格与能力（Capacity）。首先，信贷官必须确定借款人是否具有申请贷款及签署贷款协议的资格及合法权利。其次，应分析借款人的经营管理能力。对企业借款人而言，其主要负责人经营管理的才能和经验、受教育程度、应变能力、思维及判断能力、指挥与组织能力等都是至关重要的。在当前这样一个信息瞬息万变、市场变化多端、竞争日趋激烈的社会，企业若无精明能干的出色领导人，就有可能在激烈的竞争中惨遭失败，从而使银行贷款蒙受损失。最后，看一看借款人的还款能力。这可以通过借款人的收益变动状况来考察，即使在一段时间里借款人还款很稳定，但如果出现借款人自身收益状况变化巨大（较高的标准差）的情况，那么也表明该借款人的还款能力可能受到影响。

（3）资金实力（Capital or Cash）。资金实力主要是指借款人资产的价值、性质和变现能力。银行信贷官在分析借款人资金实力时，特别要注重借款人在还本付息期间是否有足够的现金流来偿还贷款。另外，信贷官还要考察借款人（公司或企业）股东的股权分布状况及财务杠杆[1]状况，因为这些情况可以作为反映借款人是否倒闭的重要预警指标。例如，较高的财务杠杆比率肯定比低杠杆比率具有更大的倒闭可能性。

（4）担保（Collateral）。担保主要指抵押品及担保人。对于由借款人提供的用作还款担保的抵押品应特别注意该抵押品的价值、使用年限、专业化程度、市场流动性（易售性）、是否投保等。如果该抵押品在技术上已过时，或者专业化程度较高，不易出售转让，则其作为抵押品的价值就十分有限。对于由第三方提供保证的贷款，应分析考察保证人是否具有担保的资格，并审核保证人的资金实力及其提供的抵押品。

（5）经营条件与商业周期（Condition）。经营条件与商业周期主要是指企业自身的经营状况和其外部的经营环境。前者包括企业的经营特点、经营方式、技术情况、竞争地位、市场份额、劳资关系等，这些因素基本上属于企业自身能决定的内容；后者则非企业自身所能控制的。后者的范围涉及面很广，大至政局变动、社会环境、商业周期、通货膨胀、国民收入水平、产业结构调整等，小至本行业

[1] 财务杠杆所包含的财务比率，具体参见表 3-1。

发展趋势、同业竞争状况、原材料价格变动、市场需求转换等。为了掌握产业及整个商业周期的变动情况，银行应注意收集并建立有关档案，以便事先采取某些必要措施及应变准备，确保银行资产的安全。

上述对借款人“5C”的信用分析仅仅是银行做出贷款决定前所需要做的最基本的工作。就某一笔具体的信贷业务而言，银行要动用大量人力、物力、财力对这五方面进行较复杂的分析，这个过程包括以下步骤。

第一步：银行要确定借款人为何需要这笔贷款，这笔贷款申请是否符合当前银行的政策和偏好。

第二步：信用分析师要对该公司的资产负债表和损益表进行分析，看一看该公司在某一时间段内业务经营有无重大起伏及未来的发展趋势；对公司经营部门的经营结果、预算及商业计划进行考察，从而了解该公司获取利润的方式及对未来利润的预期。要做好这一步，就需要银行信贷官具备真正了解构成企业财务报表基础真实过程的相关知识和能力。

第三步：信用分析师要对公司的试算表进行分析研究，从中找出那些隐藏在公司经营过程中的非正常交易，因为公司试算表是编制公司资金平衡表和损益表等财务报表的最基本信息来源。由于很难从那些经过浓缩的资金平衡表和损益表中发现问题，因此可以将试算表作为衡量近期企业财务报告是否完整的手段。同时，还要把公司的财务项目调整成标准形式，以便用来比较和预测分析。

第四步：要对贷款目的和与之所规划的现金流情况进行评估，要对这项贷款发放出去可能会遇到的各种问题进行假设，并提出不同的解决方案。

第五步：要对该借款人所处的行业结构状况进行认真分析，对该行业的发展趋势、公司在行业中的地位、竞争力及政府对该行业的管制状况给予特别关注。

第六步：银行还应对公司管理层及经营战略进行评估，特别是要对公司经理所担负的生产、存货、定价及销售的责任进行评估。

第七步：要对证券和贷款文件进行认真准备。在准备这些文件时，应把所有相关问题尽量考虑进去，做到全面、准确，如提款条件，对债务、投资和担保品扣押权的限制性规定、财务比率和契约，母子公司间担保及违约条件等都要涉及。表 3-1 描述了西方发达国家的银行在使用 5C 专家系统模型进行信用分析过程中经常使用的财务比率指标。

表 3-1 银行在信用分析过程中经常使用的财务比率指标[1]

类　型	比　率
经营业绩	EBITDA[2]/销售收入
	净收入/销售收入
	实际有效税率
	净收入/净值
	净收入/总资产
	销售收入/固定资产
偿债保障程度	EBITDA[2]/利息支付
	（活动现金流量－资本支出）/利息支付
	（活动现金流量－资本支出－股息）/利息支付
财务杠杆情况	长期债务量/资本总额
	长期债务量/有形净值
	总负债额/有形净值
	（总负债－长期资本）/长期资本
	长期资本＝总净值＋优先股＋次级债务
	流动负债/有形净值
流动性（变现速度）	流动比率
	速动比率
	存货占净销售收入比率
	存货占净流动资本比率
	流动负债占存货比率
	原材料、半成品、产成品占存货总量比率
应收款状况	应收款的期限：30 天、60 天、90 天、90 天以上
	应收款的平均收回期限

3.3 我国现行银行信贷审批模式研究

我国商业银行现在通行的信贷审批模式从本质上讲就是基于 5C 的专家系统模型，只不过在形式上有所变化，更具有中国特色。在我国，银行信贷的决策权

[1] 资料来源：Caouette, Altman, Narayanan, Managing Credit Risk [M]. John Wiley & Sons, Inc, 1998, pp. 87.
[2] EBITDA（未计利息、税项、折旧及摊销前利润，Earnings Before Interest, Taxes, Depreciation and Amortization）.

是由银行内那些经过长期训练、具有丰富经验的信贷官员掌握的。具体来说就是行长、副行长、信贷科长等人员，由他们组成专门的信贷审查委员会，首先由秘书处的信贷员负责收集和审核申请贷款企业的资产负债表、损益表、现金流量表等财务报表，资料收集整理完全后送专门的审贷会议表决（表决委员即本行信贷审查委员会的成员），最后由这些委员做出是否放款和授予最高综合授信额度的决定。

以笔者于 2000 年参与设计开发的中国工商银行“审贷决策分析系统（LEDAS）”为例，简要介绍一下我国银行目前采用的分析模型和信用分析的基本过程。

3.3.1 系统主要目标

系统的主要目标是帮助信贷人员有效组织信贷资料，为信贷决策人提供辅助决策分析能力，控制信贷过程中的信用风险。在此基础上，量化辖区内各类客户群、寻找优势客户群、量化信贷产品风险、优化信贷产品构成。此外，针对经信贷决策支持系统筛选出的特定客户（而非潜在客户）的特定项目，根据已有贷款客户及潜在贷款客户的有关指标作为衡量标准，在全行所有支持的项目内进行通盘考虑，辅助信贷决策人进行贷款审批决策。

3.3.2 系统总体结构

图 3-1 详细描述了“中国工商银行[1]审贷决策分析系统”的总体结构。人机交互系统是审贷决策分析系统与用户之间的交互界面。用户通过“人机交互系统”控制系统的运行，审贷决策分析系统需要用户输入必要的数据（用于计算）和信息（用于控制），并向用户显示运行情况及最后结果。

该图由以下几部分组成。

（1）企业信息子系统包括企业基本情况、企业历史信贷资料、企业经营情况、企业集团经营情况、企业法人代表信息、企业附加资料等。

（2）审贷项目子系统包括贷款申请表、贷款申请报告、担保企业经营情况、贷款担保情况、贷后检测情况等。

（3）辅助决策子系统包括综合分析模块、地区指标数据、综合查询系统、办公自动化系统。

（4）贷款审批子系统包括贷款审批表决和表决结果管理两部分。

---

[1] 中国工商银行的英文全称为 The Industrial and Commercial Bank of China，缩写为 ICBC。

（5）系统维护包括数据字典管理、用户角色权限管理和报表控制信息[1]。

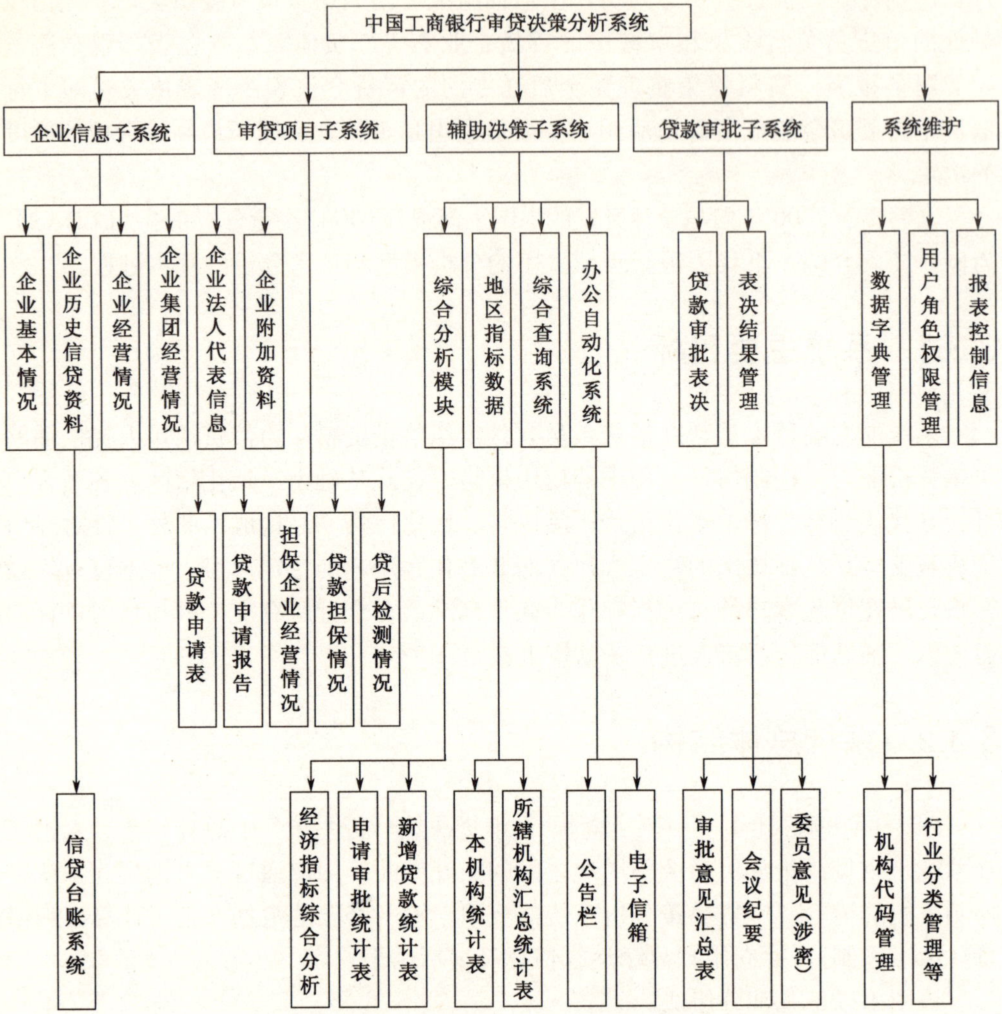

图 3-1　中国工商银行审贷决策分析系统总体结构图

3.3.3　系统的功能结构

1）贷款申请资料的录入

需要录入的资料见表 3-2。

[1] 资料来源：《中国工商银行审贷决策、分析系统 2.0》详细设计（Notes 部分）报告，第二稿，北京科瑞明科技发展有限公司，2000 年 8 月 18 日。

表 3-2　需要录入的资料列表

内　容	贷前数据			保　存	
	流动资产贷款申请	项目贷款申请	授信申请表	审贷系统	台账系统
贷　前					
《贷款申请报告》	√			√	
《贷款申请表》	√			√	
《企业基本情况》	√			√	
《法人代表基本情况》	√			√	
《借款人财务及经营情况》					
《担保人财务及经营情况》	√			√	
《企业集团（公司）本部财务及经营情况表》	√			√	
《借款人基本情况》		√	√	√	
《项目基本情况》		√		√	
《贷款担保人情况》		√		√	
《项目评估情况表》		√		√	
《信誉状况表》		√		√	
《财务状况表》			√	√	
《财务分析表》			√	√	
《银行融资情况表》			√	√	
《集团公司/关联企业概括表》			√	√	
《集团公司/关联企业内部关系表》（一）			√	√	
《集团公司/关联企业内部关系表》（二）			√	√	
《最高综合授信额度申请表》（一）			√	√	
《最高综合授信额度申请表》（二）			√	√	
《最高综合授信额度申请表》（三）			√	√	
《最高综合授信额度分户申请表》			√	√	
《企业资产负债表》	√	√	√		√
《企业损益表》	√	√	√		√
《贷款规模计划表》					
《行业经济市场评价》					
贷　后					
《借据合同号表》				√	
《审批贷款借据信息表》				√	
《贷款检查情况表》				√	

续表

内　　容	贷前数据			保存	
	流动资产贷款申请	项目贷款申请	授信申请表	审贷系统	台账系统
《项目贷款执行情况表》				√	
《贷款发放依法合规检查报告》				√	
《项目竣工效益情况表》				√	
《项目经理报送项目效益情况统计》				√	
《信贷审查委员会审批同意的贷款项目贷款执行情况表》				√	
《信贷审查委员会审批同意的流动资金贷款情况表》				√	

说明："√"表明使用。

2）综合查询功能

建立一个数据资料相对完备、能够满足多种查询需要的，高效、快捷的审贷项目历史资料查询体系。查询的内容有企业基本情况、管理团队情况、企业经营和财务状况、企业关联情况，如图 3-2 所示。查询的内容根据贷款的状态又可划分为未审贷项目查询、已审贷项目结果查询（审批意见、审议结果统计）、贷后检测情况查询、当前要表决项目资料的查询。

查询到的结果由后台系统生成相应的汇总统计表，包括申请情况统计、审批情况统计、贷款发放情况统计、新增贷款情况统计。

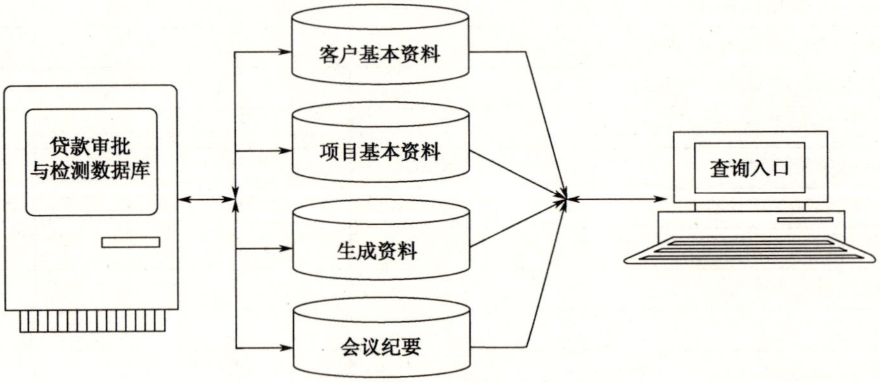

图 3-2　系统的查询功能

3）系统使用的分析模型

LEDAS 系统的建设从系统工程学角度出发[1]，围绕“风险”和“收益”两个基本原则，以“客户”和“项目”为分析对象，突出“全行系统整体协同分析”、“整个行业总体协同分析”、“同一客户的所有信贷品种协同分析”、“我行支持的同类项目产品的协同分析”等多种分析视角相结合的分析特点。

系统目前使用的分析模型按照功能分类如下。

（1）行业整体性分析：行业集中度分析、行业竞争度分析、行业参与度分析、行业政策取向分析与行业周期、行业景气分析预测。

（2）企业个性化分析：企业赢利性分析、企业风险性分析、企业流动性分析、企业成长性分析、企业竞争力分析、企业关联度分析、企业量本利分析、企业贡献度分析。

（3）项目贷款可行性评价分析：项目市场前景分析、同类产品竞争分析、全球同类贷款项目互斥分析、项目风险敏感性分析、项目偿债能力评估、项目投资估算和筹资评价。

（4）信贷品种组合分析：贷款的总体品种结构分析、贷款的个体品种结构分析。

（5）市场行情分析：国际国内产品市场行情分析、国际国内金融市场行情分析。

分析模型按照实现的方式划分如下。

（1）结构分析。

（2）比较分析。

（3）指标分析。

（4）敏感性分析。

图 3-3 较详细地描述了系统运行过程中运用分析模型对信贷项目的整个信用分析过程。

[1] 资料来源：《中国工商银行审贷决策分析系统建设初步方案》，中国工商银行信贷审查委员会秘书处，2000 年 4 月 20 日。

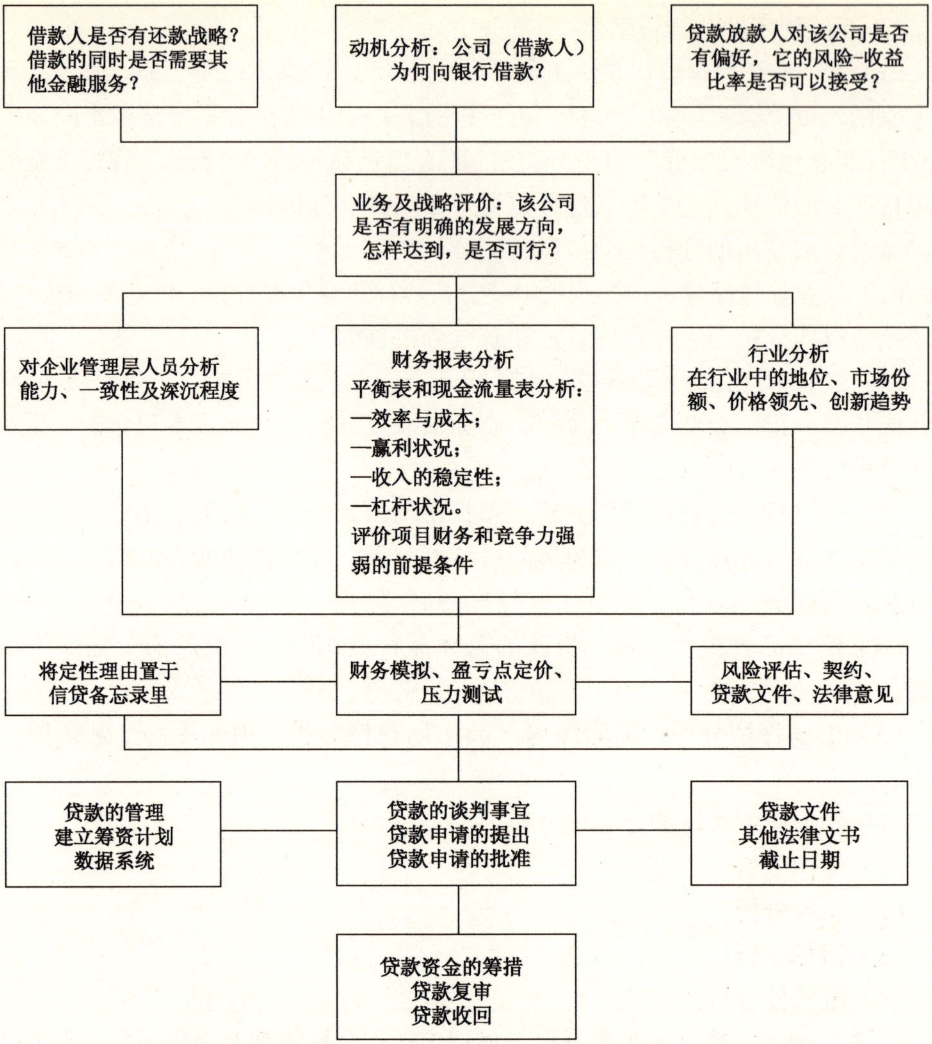

图 3-3　信用分析过程流程图

3.4　Z-SCORE 评分模型研究

1968 年，美国纽约大学斯特商学院教授爱德华 • 阿尔特曼（Edward I. Altman）提出了著名的Z-SCORE评分模型[1]。Z-SCORE 评分模型一经推出便引起各界关注，许多金融机构纷纷采用它来预测信用风险，并取得一定成效，目前它已成为西方

[1] Altman, E. I., *Financial Ratios, Discriminate Analysis and the Prediction of corporate Bankruptcy*, Journal of Finance, September 1968, pp.589～609.

国家信用风险度量的重要模型之一。

阿尔特曼的 Z-SCORE 评分模型是一种多变量的分辨模型，其根据数理统计中的辨别分析技术，对银行过去的贷款案例进行统计分析，选择一部分最能够反映借款人财务状况，对贷款质量影响最大，最具预测或分析价值的比率，设计出一个能最大程度地区分贷款风险度的数学模型（判断函数），对借款人进行信用风险及资信评估。

Z-SCORE 评分模型依据以下 5 个步骤建立起来。

（1）选取一组最能反映借款人财务状况和还本付息能力的财务比率，如流动性比率、资产收益率、偿债能力指标等。

（2）从银行过去的贷款资料中分类收集样本。样本数据基本分为两大类：一类是能正常还本付息的案例，另一类是呆滞、呆账案例。每大类还可按照行业或贷款性质、贷款方式再细分。

（3）根据各行业的实际情况，科学地确定每一比率的权重。权重主要根据该比率对借款还本付息的影响程度确定。

（4）将每一比率乘以相应权重，然后相加，便可得到一个 Z。

（5）对一系列所选样本的 Z 进行分析，可得一个衡量贷款风险度的 Z 值或值域。

信用分析人员在运用该模型时，只要将借款人的有关财务数据填入，便可计算出 Z 得分。若该得分高于或大于某一预先确定的 Z 值或值域，就可以判定这家公司的财务状况良好或其风险水平可被银行接受；若该得分小于或低于预定的 Z 值或值域，则意味着该公司可能无法按时还本付息，甚至破产。

阿尔特曼最初在设计该模型时列举了 22 个变量，最后经过反复筛选确立了 5 个主要财务比率作为分辨函数的自变量。表 3-3 所展示的是阿尔特曼依据这 5 个主要财务比率所建立的多变量分辨模型及在两组样本（33 家公司为破产组，33 家公司为非破产组）中，每一个组 5 个变量的均值及它们之间的 F 比率情况。

表 3-3　Z-SCORE 评分模型中两个组群各变量均值及 F 比率情况

变　量	破产组均值①	非破产组均值①	F 比率②
X_1=流动资金/总资产	−6.1%	41.4%	32.60
X_2=保留利润/总资产	−62.6%	35.5%	58.86
X_3=息前、税前收入/总资产	−31.8%	15.4%	26.56
X_4=股权市值/总负债账面值	40.1%	247.7%	33.26
X_5=销售收入/总资产	1.5 倍	1.9 倍	2.84

注：①样本数均为 33 家公司。

②除了销售收入/总资产这个变量外，在 0.001 置信水平下所有变量的 F 比率均有意义。F 比率用来测定组与组间均值的统计差异情况。

这里，阿尔特曼确立的分辨函数为

$$Z = 0.012X_1 + 0.014X_2 + 0.033X_3 + 0.006X_4 + 0.999X_5 \qquad (3\text{-}1)$$

经过统计分析和计算最后确定了借款人违约的临界值 $Z_0 = 2.675$，如果 $Z < 2.675$，则借款人被划入违约组；反之，则借款人被划入非违约组。在 $1.81 < Z < 2.99$ 区间内，分辨函数此时的判断失误较大，称该重叠区域为未知区域（Zone of Ignorance）或灰色区域（Gray Area）[1]。

下面对这五个财务指标分别加以解释。

X_1：流动资金/总资产（WC/TA）。它是用来衡量一家企业在一定数量的总资本额下其流动性资金数量大小的指标。该比率的流动资金是企业流动资产与流动负债之间的差额。通过考察该指标，可以了解企业的流动性状况和它的规模大小。通常，一家企业若正遭遇持续不断的损失，那么相对于它的总资产而言，该企业的流动性资产一定会处于萎缩状态。

X_2：保留利润/总资产（RE/TA）。该指标所反映的是一家企业积累的赢利能力，企业累积赢利越强，它就越健康，越有实力。人们在考察该指标时应将企业寿命长短的因素考虑进去，这是因为新企业的这一比率往往较低，会出现对新企业的排斥问题。当然，采用该比率所出现的偏差仍有其合理性，实践中在所有倒闭的企业中新企业所占的比例相当高。

X_3：息前、税前收入/总资产（EBIT/TA）。息前、税前收益占总资产的比率是用来测定企业资产赢利水平的指标，它不受税收和财务杠杆两个因素的制约。由于该指标可用来说明企业是否能够长期、稳健地生存下去，因而用它来预测企业是否会倒闭十分有效。此外，当借款人总负债额超过其资产价值时，破产倒闭就不可避免地要发生，因为企业资产价值是由这些资产的赢利能力决定的。

X_4：股权市值/总负债账面值（MVE/TL）。在这项指标中，股权市值由企业所有优先股、普通股市值相加而来，总负债账面值则由短期负债账面值和长期负债账面值构成。该比率反映了借款人（企业或公司）负债额超过其资产额之前及破产之前用股权市值加债务额所表示的公司资产价值能够下降的程度。例如，一家公司有 1000 美元的股权市值和 500 美元的债务额，则该公司在破产之前有其 2/3 的资产价值下降空间（资产总额为 1500 美元，其中 2/3 就是 1000 美元），超过这个极限，公司就要破产。同样，若公司的股权市值为 250 美元，债务额仍然为 500 美元，那么该公司的资产价值只要下降 1/3，它就要濒临破产。

X_5：销售收入/总资产（S/TA）。该项指标又被称为资本周转率（Capital Turnover

---

1 Caouette, J. B., E. J. Altman, and P. Narayanan. *Managing Credit Risk: The Next Great Financial Challenge* [M]. John Wiley & Sons, New York, 1998.

Ratio），是一个标准的财务比率，说明一个企业产生销售收入的能力。同时，该指标也反映企业管理层应对市场、参与竞争的能力。阿尔特曼将该指标纳入 Z-SCORE 模型中，可以有效地提高该模型的分辨能力。

3.5　ZETA 信用风险模型研究

1977 年，阿尔特曼、赫尔德门（Haldeman）和纳内亚南（Narayanan）对原始的 Z-SCORE 评分模型进行了重大修正和提升，推出了第二代信用评分模型——ZETA 信用风险模型（ZETA Credit Risk Model）。新模型的变量由原始模型的 5 个增加到 7 个，它的适应范围更广了，对不良借款人的辨认精度也大大提高了。

ZETA 模型的表达式为

$$\text{ZETA} = aX_1 + bX_2 + cX_3 + dX_4 + eX_5 + fX_6 + gX_7 \tag{3-2}$$

模型中的 a、b、c、d、e、f、g 分别表示 ZETA 模型中七大变量各自的系数，由于 ZETA 模型七大变量系数在不同评估机构的应用不同，属于商业秘密，所以目前无法获得完整的 ZETA 模型。

而模型中的七变量分别如下。

X_1——资产收益率。资产收益率是指公司（企业）息前、税前收益占总资产的比率，该比率在评估公司经营状况好坏方面是非常有用的一个指标。

X_2——收益稳定性指标。收益稳定性指标是指公司（企业）资产收益率在 5 年或 10 年中变化的标准差，用它可以衡量工商企业所面临的风险大小。

X_3——债务偿付能力指标。债务偿付能力指标是由息前、税前收益占总利息支付额比率来度量的，固定收益证券分析师和债券评级机构经常用该指标来评估债务人的利息偿付能力。

X_4——累计赢利能力指标。该指标由公司的留存收益与总资产的比率来表示，反映公司实力的强弱。同时，该指标还反映公司的诸多信息，如公司经营寿命的长短、分红政策及它的赢利历史，因此它在评估公司信用状况过程中的作用非常重要。

X_5——流动性指标。该指标由流动性比率来表示（即流动资产/流动负债），说明了公司的变现能力及当短期债务到期时借款人的偿债能力大小。

X_6——资本化程度指标。该指标是用借款人普通股 5 年的平均市场价值与长期资本总额之比来表示的，它反映了借款人归还债务的实力，如果普通股在总资本中所占比重较大，说明其资本实力较为巩固。

X_7——规模指标。该指标由企业总资产的对数来表示，并且可以针对企业财务报告的变化而做出相应调整。

ZETA 模型最理想临界值的计算公式为

$$\mathrm{ZETA_c} = \ln(q_1 c_1 / q_2 c_2) \tag{3-3}$$

式中，q_1，q_2 分别表示预先估计的破产概率和预先估计的非破产概率；c_1，c_2 分别表示 I 类错误的成本和 II 类错误的成本。

阿尔特曼根据对美国商业银行所遭受的困境和他们收入的机会成本的研究，估计出 I 类错误的成本 c_1 为每 100 美元贷款损失 62 美元，II 类错误的成本 c_2 为每 100 美元贷款（一年期）收入损失 2 美元（机会成本），对借款人违约（破产）概率估计为 2%，依据这些资料，算出的 ZETA 模型的临界值为

$$\mathrm{ZETA_c} = \ln(q_1 c_1 / q_2 c_2) = \ln\left[(0.02\times 62)/(0.98\times 2)\right] = \ln(0.63) = -0.458 \tag{3-4}$$

从式（3-4）可以看出，对借款人违约概率和模型分辨错误成本的估计正确与否是至关重要的，它直接影响临界值的精确与否。此外，还应注意考虑当前或今后宏观经济的变化和走势，并对临界值进行适时调整。如果工商企业的外部社会经济环境得到改善，那么企业破产的概率也会下降，因此 ZETA 模型的临界值应下调；若相反的情况发生，I 类错误成本提高，则模型的临界值应随之提高。

3.6 Z-SCORE 评分模型和 ZETA 模型的缺陷评价

Z-SCORE 评分模型和 ZETA 模型均是以会计资料为基础的多变量信用评分模型。由此所计算出来的 Z 值可以较明确地反映借款人（企业或公司）在一定时期内的信用状况（违约或不违约、破产或不破产），因此它可以作为借款人经营前景好坏的早期预警系统。然而，这两个模型也存在不少缺陷，主要问题有以下几方面：首先，两个模型都依赖于财务报表的账面数据而忽视日益重要的各项资本市场指标，这就必然削弱模型预测结果的可靠性和及时性；其次，由于模型缺乏对违约和违约方向的系统认识，理论基础比较薄弱，从而难以令人信服；再次，两个模型都假设在解释变量中存在线性关系，而现实的经济现象是非线性的，因而也削弱了预测结果的准确程度，使得违约模型不能精确地描述经济现实；最后，两个模型都无法计量企业的表外信用风险，使用范围受到很大限制。

3.7　小结

本章分析了三种基于财务比率数据的古典信用风险度量方法，即专家制度模型、Z-SCORE 模型和 ZETA 模型。这三种模型的共同特征是在进行信用分析过程中主要依赖于大量财务比率指标来分析和评估风险暴露及信用等级。其中，专家制度模型是我国各大商业银行在审批贷款项目时主要采用的一种方法，目前我国银行还是以主观经验式的管理模式来审批贷款的。

Z-SCORE 模型和 ZETA 模型是古典方法中的量化管理模型，其中 ZETA 模型中七个系数在不同评估机构的应用不同，属于商业秘密，所以没有做实证研究。3.4 节对 Z-SCORE 模型做了较详尽的案例分析，并对案例研究的结果做了分析。

第4章　三种常用信用风险量化模型的分析比较

近年来，现代信用风险量化管理模型在国际金融界得到很高的重视和相当大的发展。J.P.摩根继 1994 年推出著名的以 VAR 为基础的市场风险度量制（Risk-Metrics）后，于 1997 年又推出信用风险量化度量和管理模型——信用风险度量制（Credit-Metrics），随后瑞士信贷银行又推出另一类型基于保险理论的信用风险量化模型 Credit Risk^{+}，都对银行业产生了很大影响。同样被银行业所重视的还有 KMV 公司的以预期违约频率（EDF）为核心手段的 KMV 模型等其他一些信用风险模型。本章介绍三种研究前沿最流行的信用风险量化模型：KMV 模型、Credit-Metrics 模型和 Credit Risk^{+}模型，着重分析其基本思路和算法，比较三种模型的优势和劣势，系统地总结它们的主要特点和适用范围。

4.1　基于期权理论的信用监测模型

4.1.1　期权推理分析法的基本思路

采用期权定价理论对风险债券和贷款进行估价，以及对它们的信用风险进行度量，是现代信用风险模型的一个重要特征。这一思想在金融理论文献中的体现最早可以追溯到 1974 年的默顿 • 米勒。

图 4-1 描述了一家放款银行在一家贷款发放后的损益状况。假设这是一个期限为一年的贷款，OB 是经过折现以后的贷款数量。在这一年中，借款公司将其用于不同项目或形成不同的资产。如果一年之后，借款公司的资产市值达到 OA_2 的水平，那么在这样的情形下，公司的股东们便有动力去归还所借贷款数量（OB），并且他们还将会获得利润或称为投资回报的那部分剩余（$OA_2–OB$）。事实上，该借款企业的资产市值只要超过 OB，它的股东便会有一种内在动力去归还贷款。当然，如果该借款企业的资产市值低于 OB（如图中的 OA_1），那么它的股东就会产生违约动机或者实施违约选择权并将企业的剩余资产拱手交给债权人（银行）。

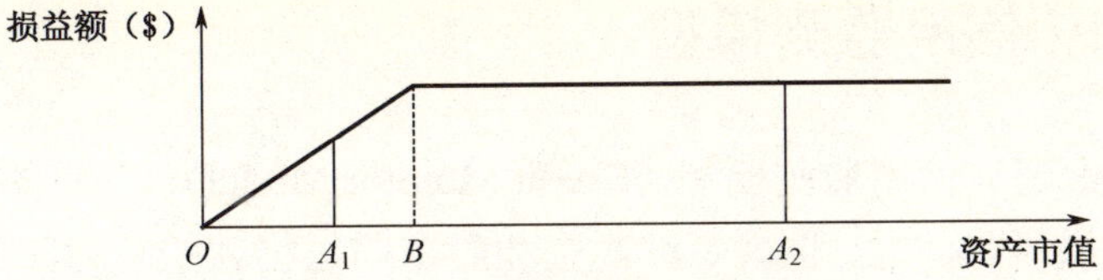

图 4-1　放款银行贷款损益图

借款企业的资产市值超过 OB，贷款银行便可以从贷款中取得一笔固定的回报，企业也将会把贷款的本金和利息全部归还给银行。若企业资产的市值低于 OB，那么银行就要遭受一个不断增大的损失。在最极端的情况下，银行的收益额为零，这时银行贷款的本金和利息将全部丧失殆尽。

如果把图 4-1 与股票期权卖权的卖方损益图（见图 4-2）作一比较，则可发现它们之间有着惊人的相似之处。在图 4-2 中，如果股票的价格 S 超过执行价格 X 时，则期权的卖方将会一直拥有卖权的权利金。如果股票价格跌落至 X 以下，则期权的卖方将会遭受相当数量的损失。

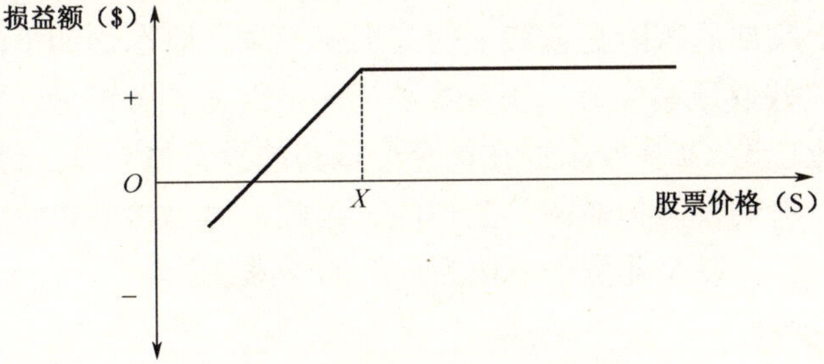

图 4-2　期权卖权的卖方损益图

默顿 • 米勒在 1974 年就曾指出，图 4-2 与图 4-1 中的损益是等值的，也就是说银行发放的一笔贷款损益可以将其看作以借款企业资产为标的的一笔卖权。如同股票卖权定价的五个变量一样，风险贷款的违约期权价值也取决于类似的五个变量。风险贷款的违约期权价值的表达式如下：

$$\text{股票卖权价值} = f\left(\overline{S}, \overline{X}, \overline{\gamma}, \overline{\sigma_{\mathrm{s}}}, \overline{\tau}\right) \tag{4-1}$$

$$\text{风险贷款的违约期权价值} = f\left(A, \overline{B}, \overline{\gamma}, \sigma_{\mathrm{A}}, \overline{\tau}\right) \tag{4-2}$$

上述两个公式中，S 表示股票价格；X 代表期权执行价格；A 代表企业资产的价值；B 代表贷款的折现金额；γ 指的是短期利率；σ_{s} 和 σ_{A} 分别表示该企业的股票价值波动性和企业资产市值的波动性；τ 指的是股票卖权的到期日，或在贷款情形下，τ 指的是贷款期限（或违约期限）。在所有变量中，符号上方加一个短横线的变量是可以从市场上观察到的。

4.1.2 KMV 信用监测模型

KMV 公司[1]建立信用监测模型（Credit Monitor Model），其目的就是为了解决银行贷款的信用风险问题，也就是解决企业股东归还贷款的动力问题。由式（4-2）可以看出，3 个变量 B、γ、τ 均可以从市场中获得，而借款企业的资产市值 A 和资产市值波动性 σ_A 却无法直接从市场中观察到，因此解决这一问题的关键是如何求出这家企业的资产市值 A 及它的变动程度 σ_A 。

图 4-3 表明了从借款企业股东的角度来考虑归还贷款的动力问题。假设企业从银行借款额为 OB ，贷款到期时该企业的资产市值为 OA_2 ，即 $OA_2 > OB$ 。在这种情况下，企业将归还这笔贷款并且企业的股东们还会得到企业资产的剩余价值即 $OA_2 - OB$ 。贷款到期时，企业资产的市场价值越大，股东保有的企业资产的剩余价值就越大。相反，如果企业的资产减少到 OB 或更低，则企业的股东就失去了归还这笔贷款的动力，他们在经济上破产，只能将企业资产交给银行处置。图 4-3 中的一个突出特点是：无论企业资产市值下降至借款数额（B 点）以下多大程度，股东的位于底部的风险是被截平的。也就是说，股东们朝下的那条风险线下降到 L 点后就被截取顶端成为一条直线了，这是因为“有限责任”保护了企业股东们的损失不能超过 OL（股东们在该企业最初的投资量）。这个情形与投资人购买了一份股票看涨期权的损益图完全相同。因此，可以将借款企业股东的股权市值头寸看作持有一份以企业资产市值为标的的看涨期权。

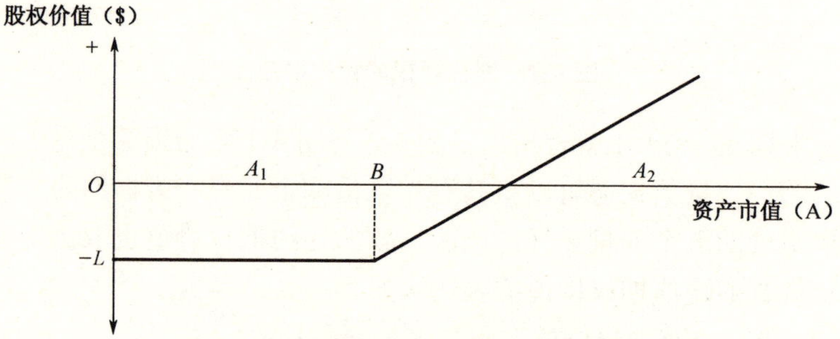

图 4-3 企业股权作为看涨期权的损益情况

一般来说，企业股权可由下式来估价出：

$$\overline{E} = h(A, \sigma_A, \overline{r}, \overline{B}, \overline{\tau}) \tag{4-3}$$

在式（4-3）中，借款企业股权的市值（股票价格×股票数）取决于 5 个变量，这 5 个变量与式（4-2）中的五个变量一样，也与布莱克-斯科尔斯-默顿模型中对

[1] KMV 公司是一家坐落在美国旧金山，出售信用分析软件及其他金融信息产品的专业公司。

看涨期权中的五个变量一样（以企业资产为标的）。但是，这里仍然存在一个等式中两个未知变量无法解出的问题，即企业的资产市值 A 和它的波动程度 σ_A 无法获知。对此，KMV 模型利用企业股权市值的波动性 σ_E 与它的资产市值波动性 σ_A 之间存在一种理论关系式：

$$\overline{\sigma}_E = g(\sigma_A) \tag{4-4}$$

将式（4-3）和式（4-4）联立在一起，通过连续的迭代，便可以最终求出 A 值和 σ_A 值。在此，KMV 信用监测模型使用两个关系：一是企业股东市值与它的资产市值之间的结构性关系；二是企业资产市值波动程度和企业股东市值的变动程度之间的关系。一旦所有涉及的变量值被算出，该模型就可以最终测算出信用风险了。在式（4-3）中，B 为违约执行点，它的数量为企业所有一年期或一年以下的短期负债和 50%的长期债务账面值；变量 τ 为债务到期日，一般来说信用分析师通常将它设定为一年。在计算出来 A 值和 σ_A 值之后，连同假设的 B 值和 τ 值，就可以测定出借款企业的理论预期违约频率（EDF）值了。

案例研究[1]，假设某一借款企业资产账面值 A 为$100million（简写 m），它的资产市值年标准差 σ_A 为$10m，违约执行价格 B 为$80m，τ 为一年期，γ 为无风险利率。那么这家企业在一年内的 EDF 有多大呢？从图 4-4 可以看出：该企业的预期违约频率就是它的资产市值低于 B 点以下所分布的那片阴影区域。这片区域所代表的就是该企业在一年之内从目前的资产市值降到违约价格（$80 m）以下的概率。

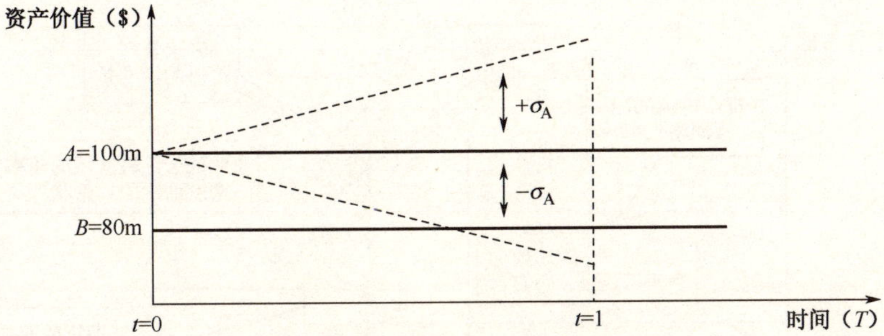

图 4-4　理论预期违约频率的计算

如果假设未来资产价值围绕企业资产的现市值呈正态分布，则就可以计算出当 $T=0$ 时（指今天），该企业在一年期限中到达违约点的距离：

$$距违约的距离=\frac{A-B}{\sigma_A}=\frac{\$100m-\$80m}{\$10m}=2\quad 标准差$$

---

[1] 案例来源：Anthony Saunders. Credit Risk Measurement [M]. John Wiley & Sons, New York, 1999, p32.

进入违约区域的借款企业只有它的资产价值在一年内减少\$20m，或者 2 个标准差的水平甚至更多才会出现违约。如果借款企业的资产市值的确呈现正态分布，根据科学数学表，存在95%的概率使得资产价值在其均值周围±1.96 个标准差之间波动。同时，该借款企业资产市值增长量超过 1.96σ 和资产市值减少量超过 1.96σ 的概率分别为 2.5%。因此，该借款企业在一年期限内具有 2.5%的预期违约频率（EDF）。

在实际生活中，借款企业的资产价值通常会增长，而这里，图 4-4 并未展示借款企业的资产增长情况。若该企业资产价值在一年中增长了 10%，则

$$距违约的距离=\frac{A(1+g)-B}{\sigma_A}=\frac{\$100m(1+10\%)-\$80m}{\$10m}=3 \quad 标准差$$

从而相应的 EDF 会更低。

KMV 信用监测模型对于在同一市场上的所有企业使用一个不变的资产增长假定，即预期的市场整体增长率。这一假定的合理性是在一个有效的市场上，市场和个别企业增长率的差异是充分折扣了的，或完全不用理会的（也就是被彻底套利了的），并且已经被纳入企业的股票价格（因此而纳入资产价值）之中。因而，在均衡时，个别企业和市场的增长之间不存在差异。对这一不变的资产增长率的唯一调整是企业具体的支出，如发放红利或偿还利息。随之，调整后的数字被用作计算违约距离公式中暗含的现行资产价值。

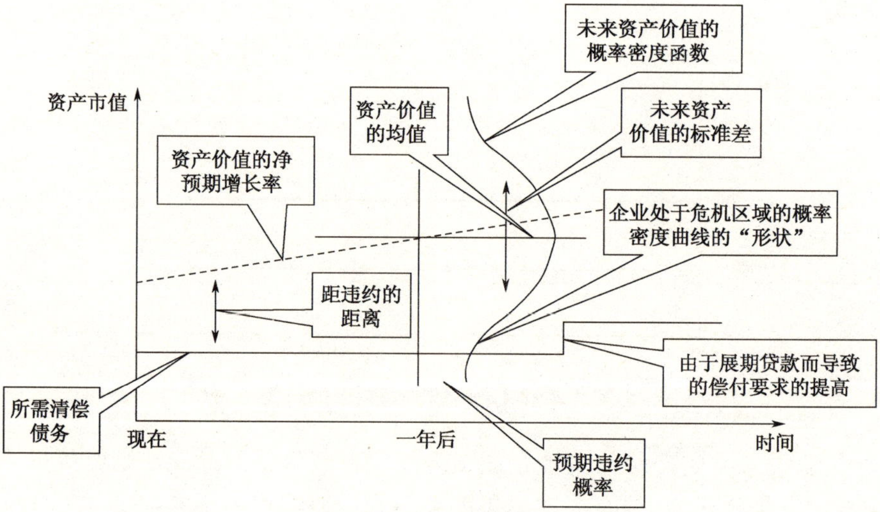

图 4-5 KMV 模型图式

以上所推导和计算出的只是借款企业的理论预期违约频率，它与现实生活中实际所发生的预期违约频率之间存在着很大差异。因此，在实际操作中，KMV 公

司遵循下面的线索计算出一个经验 EDF 值，而非理论 EDF 值。KMV 公司利用其自身优势[1]建立起一个全球范围内的企业违约和非违约信息数据库，计算出了各类信用等级企业的经验预期违约频率，从而产生了以这种经验预期违约频率为基础的信用分值。假设我们正在分析的企业有一个理论上的违约距离 2σ，将历史信息数据库中所有离违约点 2 个标准差的企业聚集在一起，观察这些企业在一年中究竟有多少家企业出现了违约，其计算公式为

$$\text{经验预期违约频率}=\frac{\begin{array}{c}\text{年初资产价值距}B\text{有}2\sigma\text{之远的}\\ \text{一年之内违约的企业数目}\end{array}}{\text{年初资产价值距}B\text{有}2\sigma\text{之远的企业总数}} \tag{4-5}$$

若考察这个全球数据库中有 1000 家这类违约距离为 2σ 的企业，其中 50 家出现违约，那么这类企业的经验预期违约频率为 5%。

4.1.3　KMV 信用监测模型的优劣评价

1. KMV 信用监测模型的优势

KMV 公司的信用监测模型是一类运用现代期权定价理论所建立起来的违约预测模型，与传统的以会计资料为基础的体系和以信用评级为基础的体系相比，EDF 值所具有的这一更大的敏感性来自于 EDF 值与股票市场之间直接的联系。随着关于借款企业的新信息的产生，其股票价格和股价的波动性会做出反应，其暗含的资产价值 A 和它的波动程度 σ_A 也会有反应，而 A 和 σ_A 的变化会导致 EDF 值变化。对于交易活跃的企业，理论上有可能每分钟都更新 EDF 值。KMV 值在短期内具有更好的预测性的另一原因是标准普尔（Standard & Poor）公司和穆迪（Moody）公司调校其信用评级时根据过去 20 年以上的违约经历，因此其概率反映了一种“周期平均”的含义。比较而言，KMV 的 EDF 值反映了与经济周期相应的强有力的循环性。

总而言之，基于期权定价方法的 KMV 模型具有以下三点优势：首先，该模型可充分地利用资本市场上的信息，对所有公开上市企业进行信用风险的量化度量和分析。其次，由于这种方法所获取的数据来自股票市场的资料，而非企业的历史账面资料，因此它更能反映企业当前的信用状况，其预测能力更强、更及时、更准确。最后，KMV 公司的信用监测模型以很强的理论基础做依托（与传统的 Z-SCORE 模型和 ZETA 模型比较而言），它是建立在当代公司理财理论和期权定

[1] KMV 公司是由老牌信用评级机构穆迪（Moody）公司开办的一家子公司。

价理论之上的，因此它所得出的预期违约频率分值具有较强的说服力。

2. KMV 信用监测模型的劣势

当然，KMV 信用监测模型也存在许多缺陷：首先，模型的使用范围受到了限制。通常，该模型特别适用于上市公司的信用风险评估，然而在对非上市公司的预期违约频率 EDF 进行计算时，则往往需要借助于某些会计资料信息或其他能反映借款企业特征值的指标来替代模型中一些重要变量，同时还要通过对比分析手段最终得出该企业的 EDF，因而这一过程繁复且计算出的 EDF 值还未必准确。其次，由于该模型假定借款企业的资产价值呈正态分布（符合高斯定律），正是建立在这样的假设条件下，模型才能计算出理论 EDF 值。但在现实中，并非所有借款企业的资产价值都是正态分布的。第三，该模型不能对长期债务的不同类型进行分辨，实际上，可以依据其优先偿还顺序、有否担保、有否契约、能否转换等来区别不同的长期债务，因而在违约点 B 值的确定上可能会造成不准确，使模型的产出变量不准。最后，该模型基本属于一种静态模型，它基于默顿模型假设：借款企业管理层一旦将企业的债务结构确定下来之后，该企业的这一结构就不变化了[1]。即使它的资产价值增长了一倍，企业的债务结构也不发生变化，但实际情况也绝非如此。

4.2 基于 VaR 方法的 Credit-Metrics 模型

4.2.1 引言

1993 年，G－30 小组[2]发表的“衍生证券的实践与原则”报告第一次明确地赞同采用 VaR 量度与控制市场风险[3]。1994 年 10 月，摩根银行公开了风险度量制（Risk-Metrics）系统[4]，它提供的是一个方差/协方差矩阵和一些随时间变化的相关系数值，用户只要用计算机将 Risk-Metrics 系统和他们自己的头寸状况结合在一起就能建立自己的 VaR 系统。很快由信孚银行开发的 RAROC2020 系统将风险管理的运算和市场波动的预测结合起来，从而就可以给出 VaR 的计算结果。1995 年 4 月，巴塞尔协议的最新议案正式将 VaR 风险管理模型作为一种风险管理的有效

[1] 参见式（4-5），其资产价值上升了 10 个百分点，但其违约价值 B 并没有变化。
[2] 一个由主要工业国家的高层银行家、金融家和学术界组成的咨询小组。
[3] Kevin Dowd. Beyond Value at risk. Chichester: Wiley, c1998, 34-38.
[4] JP Morgan. Riskmetrics, technology document[M]. 4th edition, RiskMetrics Group, New York, 1996,77-79.

工具推荐，之后有关 VaR 体系各方面的研究工作蓬勃发展[82,105,137,151]。

VaR 的概念及基本模型概述请参见附录 B。

4.2.2 J.P.摩根的 Credit-Metrics 模型

VaR 方法特别适用于对可交易的金融资产受险价值的计量，因为人们可以很容易地从资本市场中获取这类资产的市值和它们的标准差。若将这种方法直接用于度量非交易性金融资产，如贷款的受险价值时则会遇到如下问题。

（1）一笔贷款当前的价值 P 不能够被直接观察到，因为绝大多数贷款是不能直接进行交易的。

（2）由于贷款的市值不能够被观察到，因而也就没有一个时间序列来计算贷款的方差 σ，即贷款市值的变动率。

（3）在 VaR 方法上，人们假定可交易金融资产的收益分布是呈正态分布状的，这与它们的实际分布大体吻合。但是对于贷款而言，它的价值分布离正态分布偏差较大。因此，即便能够测定出贷款的市值和它的变动率，也仍然需要考虑贷款收益的非对称性问题。

信用度量制（Credit-Metrics）方法的具体内容如下。

信用度量制[1]是由 J.P.摩根集团与一些合作机构[2]在已有风险度量制方法的基础上，创立的一种专门用于对非交易性金融资产，如贷款和私募债券的价值和风险进行度量的模型[3]。Risk-Metrics 所要解决的问题为：如果明天是一个“坏天气”，则投资人所拥有的诸如股票、债券和其他证券组合的价值将会有多大损失？而 Credit-Metrics 方法要解决的问题为：如果下一年度是一个坏年头，则债权人的贷款及贷款组合的价值将会遭受多大的损失呢？

如前所述，由于贷款不能公开进行交易，所以无法观察到贷款的市值 P，也不能获得贷款市值的变动率 σ_P。然而，仍然可以通过掌握借款企业的一些资料来解决这个问题。这些资料包括：借款人的信用等级资料；在下一年度该信用级别水平转换为其他信用级别的概率；违约贷款的收复率。一旦获得这些资料，便可以计算出任何一项非交易性贷款和债券的 P 值和 σ_P 值，从而最终可利用受险价值方法对单笔贷款或贷款组合的受险价值量进行度量。

下面举例说明信用度量制方法是如何计算一笔贷款的受险价值量的，并同时

---

1 参见 Credit-Metrics, Technical Document, J.P. Morgan, New York, April, 2, 1997.

2 包括美国银行、KMV、瑞士联合银行等。

3 1998 年，J.P.摩根集团中开发出风险度量制（Risk-Metrics）和信用度量制这两项产品的小组组成一家独立的公司，成为“Risk-Metrics Group”。

讨论围绕着计算受险价值所涉及的相关技术问题。例如，一笔 5 年期固定利率的贷款，年贷款利率为 6%，贷款总额为$100m，借款企业的信用等级为 BBB 级。按照以下三个步骤来计算受险价值量。

（1）借款企业信用等级的变动

信用度量制方法不仅考虑到了借款人违约所带来的信用风险，而且还考虑了借款人由于其信用等级下降所带来的债务价值变动的信用风险。因此，对借款人违约概率的估计和对借款人信用等级变化的评估是同等重要的。关于借款人信用等级在未来变化的概率情况信息可以从大的专门从事信用评级公司（如标准普尔、穆迪、KMV 公司等）获取。表 4-1 就是由标准普尔（Standard & Poor）公司所提供的在一年期信用等级转换概率的矩阵表，从表中可以得知，BBB 级借款人下一年度的信用等级转换有 8 种可能，其中保持 BBB 级的概率为 86.93%，违约概率为 0.18%，另外 3 种概率升级，3 种概率降级。

表 4-1 一年期信用等级转换概率矩阵[1]

年初信用等级	年底时的信用评级转换概率（%）							
	AAA	AA	A	BBB	BB	B	CCC	违约
AAA	90.81	8.33	0.68	0.06	0.12	0	0	0
AA	0.70	90.65	7.79	0.64	0.06	0.14	0.01	0
A	0.09	2.27	91.06	5.52	0.74	0.26	0.01	0.06
BBB	0.02	0.33	5.95	86.93	5.36	1.17	0.12	0.18
BB	0.03	0.14	0.67	7.73	80.53	8.84	1.00	1.06
B	0	0.11	0.24	0.43	6.48	83.46	4.07	5.20
CCC	0.22	0	0.22	1.30	2.38	11.24	64.86	19.79

（2）对信用等级变动后贷款市值的估价

信用等级的上升或下降必然会影响一笔贷款余下的现金流量所要求的信用风险加息差（或称信用风险酬金），因此也就必然会对贷款隐含的当前市值产生影响。贷款信用等级下降，对贷款所要求的信用风险加息差就应当提高，因而其贷款的市值也就相应下降。信用等级上升，则会出现相反的效应。评估一笔第一年刚结束且在该年底发生信用等级转换事件的 5 年期固定利率贷款，其贷款市值的计算公式为

$$P = 6 + \frac{6}{(1+\gamma_1+s_1)} + \frac{6}{(1+\gamma_2+s_2)^2} + \frac{6}{(1+\gamma_3+s_3)^3} + \frac{106}{(1+\gamma_4+s_4)^4} \tag{4-6}$$

式中，γ_i 为财政零息票债券的无风险利率（或称远期零息票利率），可从国库

[1]资料来源：Introduction to Credit-Metrics TM, J.P.摩根，1997，pp. 20.

券收益曲线中计算出来；s_i 是指每年的信用加息差，它是不同期限的（零息票）贷款信用风险报酬率，这些数据可从公司债券市场相应的债券利率与国债市场相应的国债利率之差中获得。公式中的息票额（或称第一年的利息支付额）未被折现，可以将其视为该笔贷款的应计利息收入额。

假定借款人在第一年中的信用等级从 BBB 级上升到 A 级，那么对于发放贷款的金融机构来说它所发放的这笔贷款第一年结束时的市值为[1]：

$$P = 6 + \frac{6}{(1.0372)} + \frac{6}{(1.0432)^2} + \frac{6}{(1.0493)^3} + \frac{106}{(1.0532)^4} = \$108.66\text{m} \qquad (4\text{-}7)$$

在式（4-7）中的折现率所反映的是信用级别为 A 级贷款相应的零息票率和信用加息差之和的折现率，如果借款人信用等级未发生变化，仍处于 BBB 级，那么它的折现率就要比 A 级高，因为 BBB 级借款人的违约风险的信用加息差更高。

由式（4-7）的结果可知，若借款人在第一年结束时信用等级从 BBB 级上升为 A 级，那么账面$100m 贷款的市值可上升为$108.66m。运用同样的方法，也可以获得借款人信用等级转换到其他等级后的贷款市值金额，见表 4-2。

表 4-2　不同信用等级下的贷款市值状况[2]（包括第一年息票额）

一年结束时的信用等级	市值金额（$m）
AAA	109.37
AA	109.19
A	108.66
BBB	107.55
BB	102.02
B	98.10
CCC	83.64
D（Default）	51.13

表 4-2 说明，借款人信用等级转换后的贷款市值最高可以达到$109.37m（从 BBB 级升为 AAA 级），最低贷款市值只有$51.13m（从 BBB 级降至违约状态），这个$51.13m 的情况是指：当借款人宣布破产时，该项贷款的估计的收复价值，即贷款额减去给定违约率下的损失额（Loss Given Default）后的余额。

贷款价值的概率分布如图 4-6[3]所示。从图中可以看出，贷款市值的概率分布

[1] 参见：李志辉.《现代信用风险量化度量和管理研究》. 71 页. 北京：中国金融出版社，2001.

[2] 资料来源：信用度量制方法－技术文件. J.P.摩根. 1997 年 2 月，10 页.

[3] 资料来源：Anthony Saunders. Credit Risk Measurement. John Wiley & Sons, Inc, 1999, pp. 45.

不是呈正态分布状的，以均值为界，分布曲线的左半部分为一个固定朝上爬升线，而曲线右半部分则是一段朝下较陡的近似直线。因此，在这种概率分布条件下，运用信用度量制方法计算贷款的受险价值时分为两种情况：第一，按照贷款市值呈正态分布来计算受险价值；第二，按照贷款的实际分布状况来计算该贷款的受险价值。

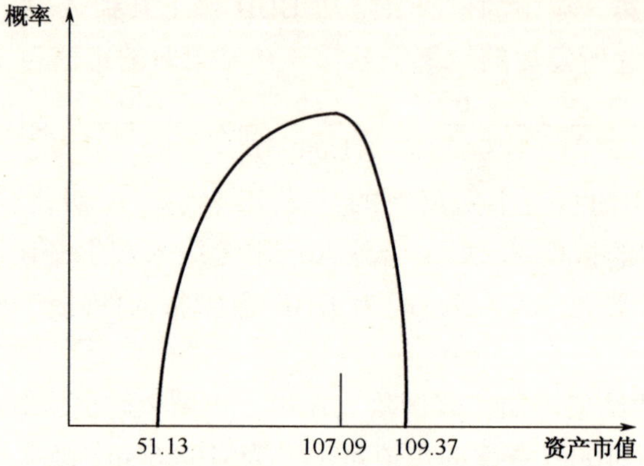

图 4-6　五年期 BBB 级贷款的市值实际分布状况

（3）计算受险价值（VaR）

计算贷款受险价值的第一步是要计算出贷款市值的均值来，它是将每一个信用等级下的贷款市值乘以借款人信用等级转换到该等级的概率，再将 8 种不同结果累加起来便可算出。表 4-3 给出了基于两种概率分布的在 5%和 1%最坏情况下的贷款受险价值。这里 5%是指 20 年发生一个坏年景所造成贷款价值的最大损失额（即 5%的受险价值）；同样，1%是指 100 年发生一次的。这一点与市场风险下的受险价值略有不同，市场风险下的受险价值的持有期通常是以天为计算单位，而信用风险下的受险价值的受险时段则是以年为计算单位。

表 4-3　信用等级 BBB 级贷款受险价值计算表（以贷款市值的均值为基准点）[1]

年终信用等级	① 概率（%）	② 新的贷款市值（$m）	③ 加权价值 ①×②	④ 与均值的差 ②−∑[①×②]	⑤ 加权差的平方 ∑[①×②²]−[∑(①×②)]²
AAA	0.02	109.37	0.02	2.28	0.0010
AA	0.33	109.19	0.36	2.10	0.0146
A	5.95	108.66	6.47	1.57	0.1474

[1] 资料来源：Credit-Metrics, Technical Document. April 2, 1997, pp. 28.

续表

年终信用等级	① 概率（%）	② 新的贷款市值（$m）	③ 加权价值 ①×②	④ 与均值的差 ②−∑[①×②]	⑤ 加权差的平方 ∑[①×②^2]−[∑(①×②)]^2
BBB	86.93	107.55	93.49	0.46	0.1853
BB	5.30	102.02	5.41	（5.07）	1.3592
B	1.17	98.10	1.15	（8.99）	0.9446
CCC	0.12	83.64	0.10	（23.45）	0.6598
违约	0.18	51.13	0.09	（55.96）	5.6358
均值＝$107.09m				方差＝$8.9477m 标准差（$\sigma$）＝$2.99m	
假设正态分布情况下：5%的受险价值＝1.65σ=$4.93m 1%的受险价值＝2.33$\sigma$=$6.97m 假设在实际分布情况下[1]：5%的受险价值＝$107.09m－$102.02m=$5.07m 1%的受险价值＝$107.09m－$98.10m=$8.99m					

从表 4-3 中可以看出，假定贷款市值处于正态分布状态，那么贷款价值偏离其均值的方差为$8.9477m，标准差$\sigma$为$2.99m，因此，贷款的 5%的 VaR 为$1.65×2.99m，即$4.93m；1%的 VaR 为$2.33×2.99m，即$6.97m。但是按照贷款市值分布呈正态分布的假设去计算该贷款的受险价值时，往往会低估其实际的受险价值量，因为贷款市值分布并不完全是正态分布的。表 4-3 中按照实际分布情况下 6.77%（近似 5%）的 VaR 为$5.07m，1.47%（近似 1%）的 VaR 为$8.99m。为了获得较为准确的受险价值量，可以通过线性插值法（Linear Interpolation）得到比较准确的 5%和 1%实际受险价值量。举例来说明线性插值法如何计算 1%的 VaR，因为第 1.47 个百分位的贷款价值为$98.10m，第 0.3 个百分位的贷款价值为$83.64m，运用线性插值法，第 1 个百分位的贷款价值近似为$92.29m。这表明实际的 1%的 VaR 值为$107.09m－$92.29m=$14.80m。

4.2.3　Credit-Metrics 模型引起争议的若干技术问题

由于信用度量制模型仍然处于初创阶段，在许多方面还不成熟，还存在着若干尚需要解决的技术问题。

[1] 注：5%的 VaR 近似地由 6.77%的 VaR 给出（也就是 5.3%+1.17%+0.12%+0.18%）；1%的 VaR 近似地由 1.47%的 VaR 给出（也就是 1.17%+0.12%+0.18%）

1．关于信用等级的转换问题

对贷款等金融资产进行信用风险度量的关键一步是要获得不同信用等级的金融资产在某一时段（如一年）信用等级转换的概率矩阵资料（见表 4-1），从而依据这些资料计算出贷款等金融资产的受险价值，但是在制定这个信用等级转换概率矩阵时往往设定了许多假设条件，而这些假设通常与现实不符，因而也就影响了所求金融资产受险价值量的准确度。

首先，信用等级转换概率遵循一个稳定的马尔可夫过程（Markov Process），这是关于违约方式和发生信用级别转移的重要假定。所谓稳定的马尔可夫过程，是指一笔贷款或债券目前的信用等级转换至其他信用等级的概率，与它们过去的此种概率没有任何相关性（各自独立）。然而，有数据表明，信用等级的转移是跨时自相关的，即信用等级的转换与过去曾经出现的结果有着很高的相关性。如一笔贷款过去曾发生信用等级降级事件，那么它目前发生等级下降的概率就相对要高。因此，如何体现不同贷款和债券的这种差异性是使用信用等级转换概率矩阵所要解决的一个重要问题。

其次，关于信用等级转换概率矩阵的稳定性假设。人们在计算贷款的受险价值时，假定不同贷款人之间、不同时期之间其信用风险等级转换概率是不变的，然而实际上，行业因素、国家因素及商业周期因素均会对信用等级转换概率产生重要影响。

再次，人们在生成信用等级转换概率矩阵时所使用的债券组合也会对其准确性产生影响。美国纽约大学教授 Altman & Kishore（1997）发现，产生信用等级转换概率矩阵所使用的债券样本是新债券还是老债券会直接影响信用等级转换概率的结果。

最后，目前通常使用的债券等级转换概率矩阵来对贷款进行估价时会出现偏差。因为贷款无论在担保、契约内容及其他方面与债券均有很大差异。解决这个问题的理想途径就是要由银行根据历史贷款资料库生成一个内部贷款信用等级转换概率矩阵，并以此作为计算贷款受险价值的依据，这样才能真正提高计算受险价值的准确性。然而生产这样一个信用等级转换概率矩阵对银行而言是非常困难的，有时可能会需要几家银行联合起来进行，且相关资料也比较匮乏。

2．关于贷款的估价问题

在前面给出的计算受险价值 VaR 的公式中，三个输入变量（违约收复率、远期零利率 γ_i、信用风险加息差 s_i）均设定为非随机性变量。若将这三个变量中的某一个或三个都确定为随机变量，那么计算出来的贷款受险价值量就要大得多。在这三个变量中，信用风险加息差和利率可能随时间的变化而变化，随信贷周期及期限结构的改变而变化。对于违约收复率方面，由于不同债务工具的求偿等级

（优先级）不同，因而它们违约时的平均收复率不同，且与之相应的变动标准差也不尽相同，所以这种变动的标准差就会直接影响贷款等债务工具市值变动的标准差和它们的受险价值（参见表 4-4）。

表 4-4　不同求偿级别贷款的违约收复率[1]（面值百分比）

贷款的求偿等级	平均值（%）	标准差（%）
优先担保贷款	53.80	26.86
优先无担保贷款	51.13	25.45
优先次级贷款	38.52	23.81
次级贷款	32.74	20.18
低于次级贷款	17.09	10.90

例如，优先无担保贷款的收复率为 51.13%，但它的标准差则高达 25.45%，那么在正态分布条件下，前面例子中 BBB 级贷款的市值变动标准差将可从原来的$2.99m 提高至$3.18m，增长了 6.3%，该贷款 1%的受险价值则从原来的$6.67m 提高到$7.38m[2]，即 2.33×3.18。由此可见，计算贷款等债务工具受险价值的三个输入变量的不确定性（Uncertainty）会直接影响受险价值的高低和它的准确性。

4.3　KMV 模型与 Credit-Metrics 模型的比较分析

KMV 模型与 Credit-Metrics 模型是目前国际金融界最流行的两个信用风险管理模型。两者都为银行和其他金融机构在进行贷款等授信业务时衡量授信对象的信用状况，分析所面临的信用风险，防止集中授信，进而为实现投资分散化和具体的授信决策提供了量化的和更加科学的依据，对以主观性和艺术性为特征的传统信用分析方法提供了很好的补充。

然而，从两个模型的介绍和分析中又可以明显地看到这两个模型在建模的基本思路上又有相当大的差异。主要体现在以下几个方面。

第一，KMV 模型对企业信用风险的衡量指标——预期违约频率（EDF）主要来自于对该企业股票市场价格变化的有关数据的分析，而 Credit-Metrics 模型对企

[1] 资料来源：Carty & Lieberman [1996a] – Moody' s Investors Service.
[2] 参见：Introduction to Credit-Metrics, J.P. , Morgan, pp21-23.

业信用风险的衡量来自于对该企业信用等级转换及其概率的历史数据分析，这是最根本的区别之一。

第二，由于 KMV 模型采用的是企业股票市场价格分析方法，这使得可以随时根据其市场价格的变化来更新模型的输入数据，及时得出反映市场预期和企业信用状况变化的新的预期违约频率值，因此 KMV 模型也可以称为一种动态模型，能及时反映信用风险水平的变化。与此相对，Credit-Metrics 模型采用的是企业信用评级指标分析法，企业信用评级不可能像股票市场价格一样是动态变化的，而是相当长的一段时间内保持静态特征。这有可能使得该模型的分析结果不能及时反映企业信用状况的变化。

第三，由于 KMV 模型提供的 EDF 指标来自于对股票市场价格实时行情的分析，而实时行情不仅反映了该企业历史的和当前的发展状况，更重要的是反映了市场中的投资者对于该企业未来发展的综合预期，所以该模型被认为是一种向前看（forward-looking）的方法，其 EDF 指标中包含了市场投资者对该企业信用状况未来发展趋势的判断。这与 Credit-Metrics 模型采用的主要是依赖信用状况变化的历史数据的向后看（backward-looking）的方法有着本质区别。KMV 模型的这种向前看的分析方法在一定程度上克服了过于依赖历史数据向后看的数理统计模型的“历史可以在未来复制自身”的缺陷。

第四，KMV 模型与 Credit-Metrics 模型所选择的信用损失计量方法不同。这基于对信用损失的理解有两种不同的观点。一种是从传统观点出发，认为只有当违约实际发生了信用资产才发生损失，而在此前，借款人信用状况（表现为信用等级）的变化并不直接影响信用资产的价值。另一种较新的观点则认为，信用资产价值的变化应该随时反映借款人信用状况的变化，在观察期内，即便借款人不发生违约，但只要其信用等级降低，信用资产的价值也相应降低，以合理反映资产质量的下降，从而信用损失在违约发生之前也会发生。

要确定信用风险量化管理模型，首先就要对计量的对象，即信用损失进行界定。依据上述两种观点，对信用风险损失的计量也相应存在着两种不同的方法。一种是违约法 DM（Default Model），另一种是盯市法 MTM（Mark-to-Market）。显然，在违约法下，信用损失只有两种状态，即要么发生违约，资产价值按照违约后的损失率（Loss Rate）折算，即贷款值面值（Book Value）与可回收价值的折现值的差额；要么没有发生违约，信用损失为零。因此，采用该损失计量法的模型被称作两状态模型，KMV 模型就属于此类。盯市法是多状态的，违约只是其中的一种。不同状态下，信用资产的价值不同，因而损失也不同。在这种方法下，对损失的计量是盯市的[1]，因而它更能准确地计量损失和反映信用风险的变化。J.P.摩根的 Credit-Metrics 模型采用的就是盯市法。

第五，KMV 模型与 Credit-Metrics 模型对贷款的估价方法不同。对不同信用状态下的信用资产进行估价，通常采用两种方法：合同现金流折现法（Discounted Contractual Cash Flow Approach）和风险中性估价法（Risk-Neutral Valuation Approach）。Credit-Metrics 模型采用前一种方法，就是对贷款合同中规定的未来现金流按照与该贷款的信用等级相适应的折现利率予以折现。该方法虽简单明了，操作方便，但却与现代金融理论并不完全一致。如果借款人在观察期内只有信用等级变化而没有违约，则仅仅考虑信用等级影响的折现率无法反映该资产在借款人将来可能发生违约情况下的损失率 LGD（Loss Given Default）的影响。遵循同一信用等级的企业贷款给予同一折现利率的做法也使得优先贷款（Senior Loan）和次级贷款（Subordinated Loan）也被给予同样折现率，其信用风险差异得不到体现。此外，折现率只取决于信用等级，而与每项资产收益率变化与整体市场的关联度没有关系，这使得同一信用等级上与市场关联度不同的信用资产的风险差异也得不到合理的体现，这也有悖于现代金融理论中资产价值取决于其回报与整个市场回报的关联度的基本观点。风险中性估价法是衍生金融工具中一种常用的估价方法，该方法将贷款看作在有限责任公司制度下基于借款人资产价值的一种“或有”要求权（Contingent Claim），即当借款人的资产价值高于其负债时，违约不会发生，贷款损失也不会发生，贷款价值得以保全；当借款人的资产低于其负债时，违约就会发生，贷款价值最终取决于损失率 LGD，为贷款账面价值与（1－LGD）的乘积。由于不是对合同现金流折现，而是对未来“或有”的支付折现，这种折现所适用的折现率是不含风险因素的统一的无风险利率，不受资产的信用等级影响，因此，合同现金流折现法的一些缺陷在此方法中得到一定程度上的克服。KMV 模型采用的就是风险中性估价法。

4.4　基于保险精算理论的 Credit Risk$^+$方法

近年来，美国和欧洲的许多风险管理专家尝试用保险领域里的一些思想和技术来对信用风险进行度量和管理，从而开发出了一些新的模型。其中，最具有代

[1] 更准确地说是盯模的（mark to model），因为贷款缺乏一级交易市场，更多的情况下，信用事件引起贷款价值的变化由估值模型给出。

表性的就是瑞士信贷银行金融产品部（CSFP）推出的 Credit Risk^{+}模型，它是依据财险思路所开发的新模型。

4.4.1 Credit Risk^{+}模型与 Credit-Metrics 模型的优劣比较

由瑞士信贷银行开发的 Credit Risk^{+}模型与 Credit-Metrics 模型之间，无论在其目标还是在理论基础方面都有着很大差异。Credit-Metrics 模型旨在估计贷款或贷款组合的充分的受险价值量，它把信用等级的升降和与此相关联的折现率价差变化的影响都看作一笔贷款的受险价值风险暴露数量的一部分。Credit Risk^{+}模型则把价差风险看作市场风险而不是信用风险的一部分。结果是对于是 Credit Risk^{+}模型来说，在任何时期，只有两种状态予以考虑，即违约或不违约。该方法的焦点是度量信用资产的预期损失和非预期损失，而不是像在 Credit-Metrics 模型下度量信用资产的受险价值量。因此，信用度量制是一个盯住市场或随行就市的模型；而 Credit Risk^{+}则是一个违约模式（DM, Default Model）模型。

Credit Risk^{+}模型与 Credit-Metrics 模型之间的第二个主要差异是，在 Credit-Metrics 中任何一年的违约概率都是离散的（如同信用等级升级或降级的概率），而在 Credit Risk^{+}方法下，违约被模型化为一种有着一定概率分布的连续变量。在 Credit Risk^{+}方法之下，每一笔个别贷款被看作有着小的违约概率，并且每一笔贷款的违约概率都独立于其他贷款的违约。这一假定使得贷款组合违约概率的分布像是一种泊松分布（Poisson Distribution）。我们可以用图 4-7 来展示 Credit Risk^{+}方法和 Credit-Metrics 方法之间在违约概率假设方面的差异。

违约概率的不确定性只是 Credit Risk^{+}方法中被模型化了的不确定性中的一类。第二类不确定性则是围绕着损失本身的规模或严重性。在 Credit Risk^{+}方法下，严重程度的不确定的事实是能够被认识到的。但是，由于难以在个别的逐笔贷款的基础上度量其严重性，所以损失的严重性或贷款的风险暴露数量被凑成整数和分出频段。频段取值越小，则不精确程度越低，这一不精确程度作为划分频段的结果被纳为模型的一部分。

违约频率的不确定性程度和损失的严重性不确定性程度为每一个风险暴露频段都带来一种损失的分布。加总（或累积起）这些不同风险暴露频段的损失可以得到贷款组合分布。图 4-8 给出了两类不确定性与违约损失分布之间的关系。图 4-8 中的模型简称为模型 I。

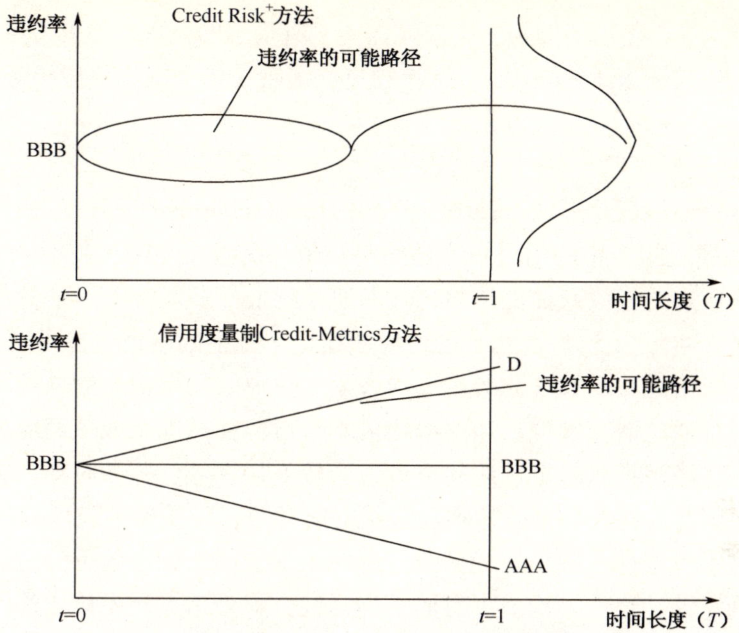

图 4-7　Credit Risk⁺和 Credit-Metrics 方法的比较

资料来源：Anthony Sounders. Credit Risk Management [M]. John Wiley & Sons, New York, 1999，pp. 88.

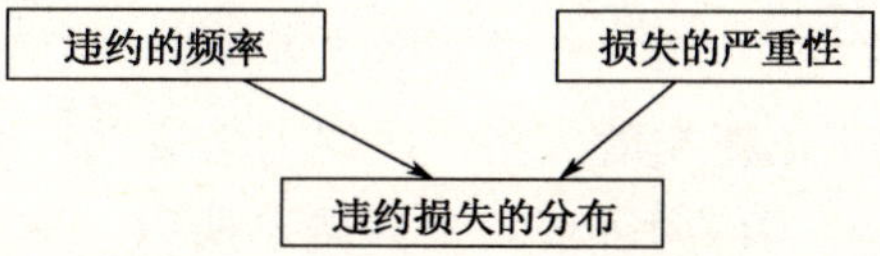

图 4-8　瑞士信贷银行的 Credit Risk⁺模型

假定个体违约概率和损失的频段呈泊松（Poisson Distribution）分布，则计算出的损失函数如图 4-9 所示。从图中可以看出，损失函数具有相当的“对称性”，并且接近于正态分布，随着贷款组合中贷款数量的增加就越接近正态分布。

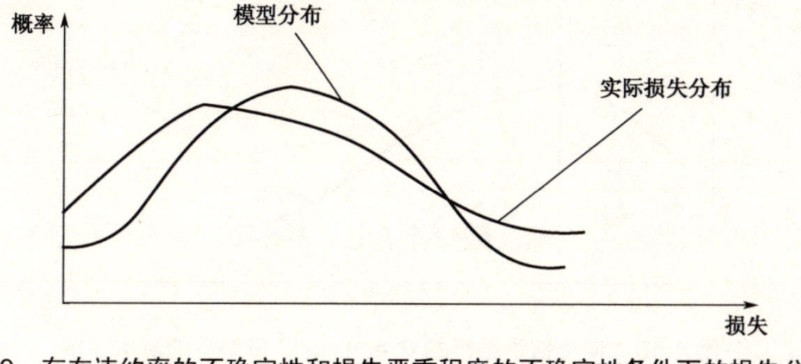

图 4-9　存在违约率的不确定性和损失严重程度的不确定性条件下的损失分布

然而事实上，违约率的损失率要比图 4-9 所暗示的表现出“更为厚实的尾部”（Fatter Tails）。具体来说，泊松分布意味着贷款组合违约率的均值应该等于其方差，即

$$\sigma = \sqrt{均值} \tag{4-8}$$

瑞士信贷银行运用卡迪（Carty）和列伯曼（Lieberman）两位风险管理专家在 1997 年所做研究报告中的信用资产违约率数值，说明式（4-8）并不成立，特别是对于那些低质量的贷款来说更是如此。卡迪和列伯曼发现：B 级债券违约率的均值的均方差 σ 实际为 5.1%，几乎是违约率均值平方根的两倍（参见图 4-9）。

那么造成信用资产损失分布更高的方差（更厚实的尾部）的原因是什么呢？瑞士信贷银行通过研究发现，违约率均值本身可以随时间（或随商业周期）而变化。例如，在经济扩张时期，违约率均值会较低；在经济萧条时期，它可能会大幅度升高。因此，在模型 I 的基础上，瑞士信贷银行又发展了模型 II。模型 II 中包括了三类不确定性：围绕着任何给定违约率均值的违约率的不确定性；损失严重性的不确定性；违约率均值本身的不确定性。对最后一类不确定性，瑞士信贷银行在 1997 年时将其模型化为一种伽玛（Gamma）分布。

在经过适当的模型化之后，人们便可以得到带有“厚实尾部”特征的预期损失和非预期损失的损失分布曲线。利用该曲线的非预期损失可计算出所需的经济资本量，参见图 4-10。这里需要注意的是，图 4-10 所指的经济资本度量与前面 Credit-Metrics 模型下度量的受险价值量并不相同，因为 Credit-Metrics 考虑了贷款信用升级或下降对贷款价值影响的因素，而瑞士信贷银行的 Credit Risk$^+$模型中并没有考虑信用资产非违约的信用等级转换问题。所以，瑞士信贷银行的模型对资本的度量更加接近于一种收益的损失或账面价值的资本度量而非充分的市场价值的经济资本度量。尽管如此，该模型的最大优势在于它对于数据的要求相当少，主要的输入数据是贷款组合各个频段的损失率均值和损失的严重性，这两类数据都可能较容易获得。

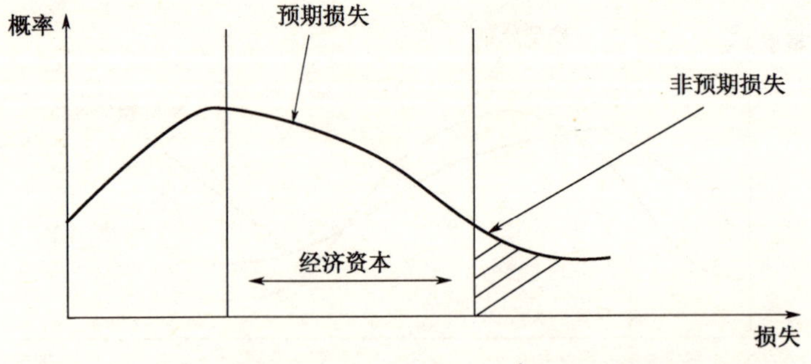

图 4-10　瑞士信贷银行的 Credit Risk$^+$模型下的资本要求

4.4.2 Credit Risk$^+$模型的一个例子

假设一家商业银行将其贷款组合按照不同的风险暴露频段加以划分（按照瑞士信贷银行的模型记作 V_i），也就是说，有许多不同规模的贷款，每一笔贷款潜在地有着不同的损失暴露数量（Loss exposure）。在风险暴露水平的最低一端，确定 100 项贷款，每一笔贷款有 2 万美元的风险暴露[1]。人们可以把这一频段（$V=1$）想作包括风险暴露数量凑成整数“最接近 2 万美元”的所有贷款。下面两个风险暴露数量频段分别代表那些“四舍五入”后的风险暴露数量为 4 万美元（$V=2$）和 6 万美元（$V=3$）的所有贷款。

首先，要计算第一频段的损失分布。在瑞士信贷银行的 Credit Risk$^+$方法中，每一频段可以被看作一个独立的组合，并且总的损失分布是个别损失分布的加总。

假定以历史数据为基础，违约的损失暴露水平为 20 000 美元的所有贷款中平均有 3%的贷款会违约。这类组合中现有 100 笔贷款，于是预期的违约率均值 m 为 3。然而，实际违约率是不确定的，瑞士信贷银行的两位专家卡迪（Carty）和列伯曼（Lieberman）通过大量的历史数据检验于 1997 年在文献[32]中提出实际违约率近似服从泊松分布（见图 4-8）。基于这种假设，便可以通过使用泊松分布的公式计算出 0～N 起违约的概率，n 起违约的概率计算公式为

$$P_{\text{rob}}(n)=\frac{e^{-m}m^{n}}{n!} \tag{4-9}$$

式中，e 为指数函数的底，即 2.71828；m 为违约的平均数；n 为关注的违约数目。因此，3 起贷款违约的概率为

$$P_{\text{rob}}(3)=\frac{(2.71828)^{-3}\times 3^{3}}{3!}=0.224$$

而 8 起贷款违约的概率为

$$P_{\text{rob}}(8)=\frac{(2.71828)^{-3}\times 3^{8}}{8!}=0.0081$$

将发生不同起贷款违约的概率及累积概率列于表 4-5。频段 1 中违约概率的分布如图 4-11 所示。

1 这些贷款的名义美元可以具有很大差别。一笔贷款可能名义规模为 10 万美元，另一笔贷款可能名义规模为 2.5 万美元。这两笔贷款的相似之处是它们违约的美元损失严重性大体相当。

表 4-5 使用泊松分布对违约概率的计算

N	概率	累积概率
0	0.049787	0.049789
1	0.149361	0.199148
2	0.224042	0.42319
3	0.224042	0.647232
…	…	…
8	0.008102	0.996197

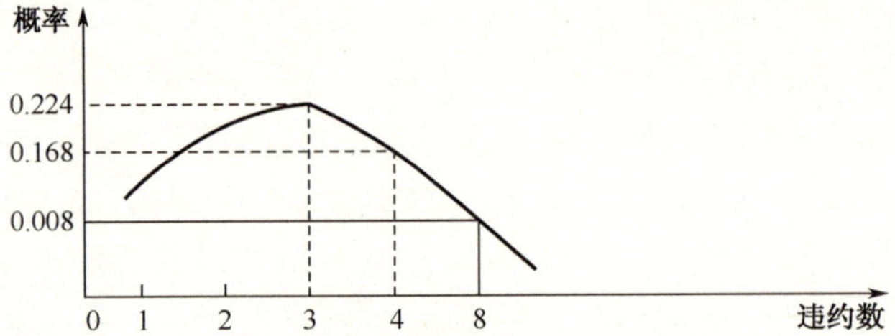

图 4-11 违约概率的分布：频段 1

可以直接计算频段 1 中损失的分布，因为根据假设，损失的严重性的频段保持在每笔贷款 2 万美元不变。图 4-12 给出了在违约数均值为 3 的条件下贷款损失的分布状况。从图 4-12 可以看出，频段 1 中的贷款组合的预期损失为 6 万美元，它的第 99 个百分位的非预期损失率显示出要比 100 笔贷款中有 8 起违约要低，因为这里含 8 起贷款违约的概率等于 0.8%。人们可以利用 8 起贷款作为近似，则有组合 $V=1$ 时 99%的非预期损失为 16 万美元。从与贷款组合其余部分相隔离的视角看，该贷款组合的资本要求（经济资本）应该为 10 万美元（即非预期损失减去

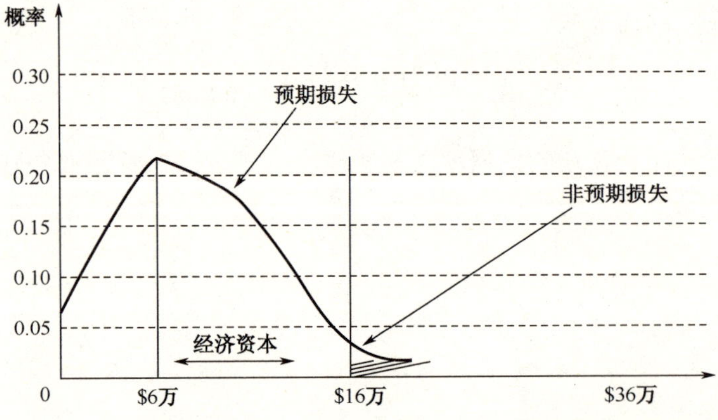

图 4-12 单一贷款组合的损失分布，损失严重程度＝每 10 万美元贷款中有 2 万美元损失

预期损失，16 万美元－6 万美元）[1]。将这类分析重复用于损失严重的每一频段，如 4 万美元、6 万美元等，并且考虑这些更高的风险暴露频段的违约率均值，随后将这些频段的风险暴露加总得到总体的贷款损失分布。

为了简化起见，设频段 2 的贷款组合的平均损失风险暴露为 4 万美元，该组合也包括 100 笔贷款，历史上的平均违约率为 3%。图 4-13 给出了这一贷款组合的损失分布。接下来的图 4-14 给出的是跨越两个贷款组合频段（$V=1$ 和 $V=2$）的损失的加总。如果银行只有这两个频段的贷款并将其损失加总，那么图 4-14 就是银行整个贷款组合的损失分布。从图 4-14 中可以观察到，在加上两频段损失分布后，从总体损失分布看上去要比单个频段的（$V=1$ 和 $V=2$）损失更具“正态性”。这是因为在“加总”两种损失分布时，必须通过考虑两种贷款组合损失的可能的组合来计算概率，因为这种结合有可能产生一些总的损失。

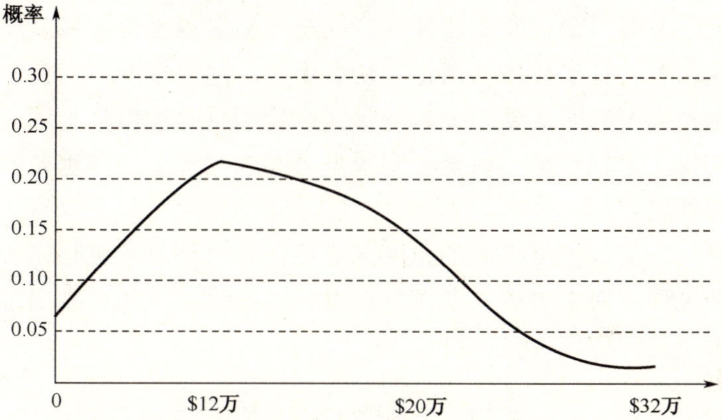

图 4-13　单一贷款组合的损失分布，损失严重程度＝每 10 万美元贷款中有 4 万美元损失

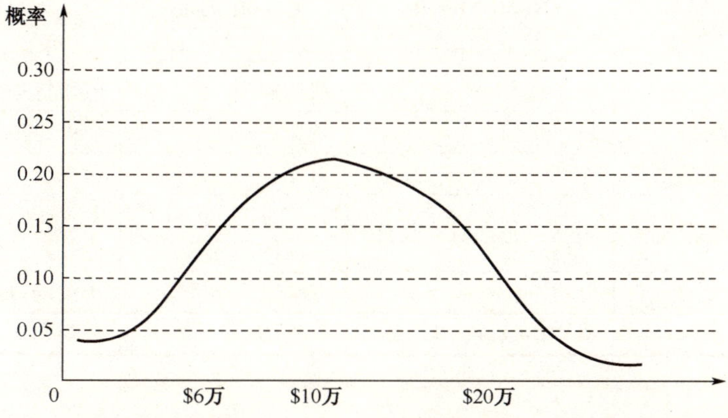

图 4-14　两种贷款组合的损失分布，损失严重程度为 2 万美元和 4 万美元

[1] 如果贷款损失准备金等于预期损失，那么该贷款组合的贷款损失准备金应该为 6 万美元。

这里，需要特别注意的是，这种计算方法可能会低估了真实的资本要求，因为该方法假定违约率的均值在每一频段上是不变的。实际生活中，在一定的速度上，违约率均值本身是可变的。例如，它们在每一频段会随着“国家的”违约率的增加而系统地增加，所以损失的分布会有一个比图 4-14 更厚实的尾部。另外，如果一国经济中的违约率均值发生变化，并且每一频段的违约率与整个国家经济范围内的违约率相关联，那么每一频段的违约率就可能不再视为是独立的，不同贷款频段之间存在着系统的违约相关因素的问题。

4.5 三种信用风险度量模型的比较

本章的前三节对目前在欧美比较流行的三种高级内部信用风险度量模型的若干重要特征和内容进行了描述和讨论。初看上去，这些模型方法似乎很不相同，并且可能得出相当不同的贷款损失风险暴露数量和受险价值量。因此，本节将对这三个模型的特点进行归纳，讨论不同模型之间的相似之处和重要差异，以及这些模型各自的优缺点。

不同的研究人员往往从不同的角度来对这些新模型方法进行比较。在这里，我们将从六个关键方面来对这三个模型加以对比说明。表 4-6 列出了比较三种模型的六个维度，对此将一一进行讨论。

表 4-6　三种模型方法的比较[1]

比较的维度	模型 1	模型 2	模型 3
	Credit-Metrics	**Credit Risk+**	**KMV 模型**
	（J.P.摩根）	（瑞士信贷银行）	（KMV 公司）
①风险定义	盯市模型	违约模型	盯市模型或违约模型
②风险驱动因素	资产价值	预期违约率	资产价值
③信用事件的波动性	不变	可变	可变
④信用事件的相关性	多变量正态资产收益	独立假定或与预期违约率相关	多变量正态资产收益
⑤收复率	随机	在频段内不变	不变的或随机的
⑥数字方法	模拟的或分析的	分析的	分析的

[1]资料来源：Anthony Sounders. Credit Risk Management [M]. John Wiley & Sons, New York, 1999, pp. 101.

4.5.1　模型的风险定义

根据模型对信用损失的不同定义，可以将模型分为两类：以贷款的市场价值变化为基础计算的受险价值模型（盯住市场或随行就市式模型）和集中于预测违约损失的违约模式模型。盯住市场式模型在计算贷款价值的损失和收益中既考虑了违约因素，同时考虑了贷款信用等级上升或下降及由此而发生的信用价差变化等因素。违约模式模型只考虑了两种状态：违约和不违约。盯住市场式模型和违约模式模型之间的关键差异是盯住市场模型包括了价差风险。在我们所讨论的三个模型中，Credit-Metrics 模型明显是一种盯住市场模型，Credit Risk$^+$模型和 KMV 模型则是违约模式模型。

4.5.2　信用风险驱动因素

Credit-Metrics 方法和 KMV 方法以默顿（Merton）模型为分析基础，一家企业的资产价值和其波动性是违约风险的关键性驱动因素。在 Credit Risk$^+$方法中，信用风险的驱动因素则是违约风险的平均水平及其波动性。

然而，如果人们能够从多因素角度来观察，则全部三种模型都可能看作有相同的根源。具体来说，在 Credit-Metrics 和 KMV 方法中，企业资产收益的可变动性被模型化为与企业股票收益的可变动性有着直接的联系。因此，在计算企业资产收益之间的相关性时，个别企业的股票被视为受到一整套系统风险因素（产业因素、国家因素等）和非系统风险因素的驱动。系统风险因素及系统风险诸因素（及其权重）之间的相关性决定着个别企业的资产收益和企业之间的违约相关性。在 Credit Risk$^+$方法中，关键的信用风险驱动因素是经济中可变的违约率均值。这一违约率均值可以被看作与宏观经济状态系统地联系在一起，一旦宏观经济恶化，违约率均值就可能上升，违约损失也是一样的。经济形势的改善则有着相反的效应。因此，三种模型中的信用风险驱动因素和相关性在一定程度上可以被看作是与一套描述整个国家经济状况演进的宏观因素紧密相联的。

4.5.3　信用事件的波动性

关于信用事件的波动性方面，各个模型之间的关键差异在于，是为一年的违约概率建立模型，还是为违约分布函数概率建立模型。在 Credit-Metrics 方法中，违约概率和信用等级转换概率被模型化为基于历史数据的固定的或离散的值。在 KMV 方法中，预期违约频率（EDF）随着新信息被纳入股票价格而发生变化。股票价格的变化及股票价格的波动性成为 KMV 方法下预测违约频率值的基础。在 Credit Risk$^+$方法中，每笔贷款违约的概率被看作可变的，并且服从围绕某些违约率均值的泊松分布，而违约率均值被模型化为一个有着伽玛分布的变量。与 Credit-Metrics 模型相比，由 Credit Risk$^+$方法可以产生一种可能有着“更厚实的尾部”的损失分布。

4.5.4 信用事件的相关性

关于信用风险相关性的诸多决定因素之间的相似性问题在前面谈及风险驱动因素时已经讨论过了。可以说，所有三个模型中的相关结构可经由与贷款有着系统性关联的诸多关键因素相联系。

4.5.5 收复率

信用资产（如贷款等）的损失分布和受险价值的计算不仅仅取决于违约的概率，而且取决于损失的严重程度或给定违约概率下的损失（LGD）。经验证据表明，违约的严重程度和贷款收复状况随时间的演变而有相当大的波动性。此外，将不稳定的收复率包括进来有可能增加受险价值量或提高非预期损失率。

在计算受险价值的背景下，Credit-Metrics 方法考虑可以让贷款收复情形发生变化。在该模型为正态分布的情况下，估计的收复率的标准差被纳入受险价值的计算。在该模型为“实际”分布的情况下，考虑到贷款价值损失分布函数尾部的偏斜，因而假定收复率服从贝塔（Beta）分布，并且贷款的受险价值通过蒙特·卡罗模拟法来计算。在 KMV 方法最简单的模型中，收复率被看作一个常数，而在该模型最新的发展中也允许收复率遵循贝塔分布。比较而言，在 Credit Risk$^+$方法中，损失的严重程度被凑成整数并划分频段，从而得到次级的贷款组合，然后将任何次级贷款组合的损失严重程度视为一个常数。

4.5.6 模型的数字方法

三个模型在估计信用资产的受险价值和非预期损失的数字方法上不尽相同。无论是在个别贷款的层次上，还是在贷款组合的层次上，Credit-Metrics 方法均可以将它们的受险价值有逻辑地分析和计算出来。但是，随着贷款组合中贷款数目的增加，这一方法会变得越来越难以处理。结果是对于大额贷款组合，Credit-Metrics 需要运用蒙特·卡罗模拟技术来产生一个组合贷款价值的“近似的”总体分布，并由此算出它的受险价值量。比较而言，基于其方便的假定条件[1]，Credit Risk^{+}方法能够生成关于损失的概率密度函数的逻辑分析解或闭型解（Closed-form Solution）。同样，KMV 方法也可以获得损失函数的逻辑分析解。

4.6 三种模型的优缺点分析

4.6.1 Credit-Metrics 模型

信用度量制模型的第一个优点就是这种方法首次将受险价值 VaR 方法运用在信用风险的量化度量和管理上。该方法认为，信用工具的市场价值取决于债务发行企业和信用等级，信用等级的变化会带来信用工具价值的相应变化。根据信用等级转换矩阵所提供的概率分布，同时根据不同信用等级下给定的折现率就可以计算出信用工具在各信用等级上的市场价值，从而得到该信用工具市场价值在不同信用风险状态下的概率分布，从而达到用传统的期望和标准差来度量资产信用风险的目的，也可以在确定的置信水平上算出该信用资产的受险价值量，从而将受险价值 VaR 方法引入信用风险管理中。

信用度量制的第二个优点在于：该方法将单一信用工具放入资产组合中衡量其对整个组合风险状况的作用，使用了边际风险贡献的概念，即在组合中因为增加某一信用工具的一定持有量而增加的整个组合的风险。通过对比组合中各信用工具的边际风险贡献，进而分析每种信用工具的信用等级、与其他资产的相关系数，以及其风险暴露程度等各方面因素，可以清楚地看出各种信用工具在整个组合的信用风险中的作用，最终为投资者进行组合管理和决策提供科学的量化依据。

信用度量制模型的缺点在于：首先，它假定在特定时期内存在着市场风险，利率期限结构是固定的。尽管这一假设对短期浮动利率票据是合理的，但它却不适用于零息票债券和信用衍生品。其次，Credit-Metrics 模型的违约概率与宏观经济状况无关。这与经验事实及当前的信用风险管理实践不符。再次，Credit-Metrics 模型假设资产收益之间的相关系数等于净资产之间的相关系数。这一假设是基于债券收益不确定而做出的粗略近似。模型的结果对这一假设的敏感度很高。最后，Credit-Metrics 模型存在计算复杂问题。

---

[1] 个别贷款呈泊松分布，违约率均值呈伽玛分布及假定在每一次级贷款组合中贷款损失有固定的收复率。

4.6.2 Credit Risk⁺模型

Credit Risk⁺模型的优点如下。

（1）Credit Risk⁺模型对贷款组合损失的概率分布有闭型解，所以不需要采用模拟技术，计算速度也较快。

（2）Credit Risk⁺模型所需的输入数据很少，只需输入每笔贷款的违约概率和给定违约概率下的损失，无需输入有关利率期限结构或信用等级转换矩阵的信息。

该模型的不足在于：首先，Credit Risk⁺模型忽视了利率的随机期限结构会在长期内影响信用风险头寸，它假定风险头寸是事先确定的常数。其次，在 Credit Risk⁺模型中，违约概率依赖于一些随机变量，模型未解释风险头寸的变化与这些随机变量的关系。最后，Credit Risk⁺模型忽略了具有非线性信用风险的产品，如期权、货币互换等。

4.6.3 KMV 模型

KMV 模型具有很多优点：第一，它根据受信企业的资产市值来估计企业信用风险波动的状况，由此将市场信息纳入违约概率。第二，由于 KMV 模型采用的是企业股票市场价格分析方法，使得该模型可以随时根据企业股票市价的变动来更新模型的输入数据，得出及时反映市场预期和企业信用状况变化的新的预期违约频率值。因此，该模型是一种动态模型，可以及时反映信用风险水平的变化。第三，股票市场的实时行情不仅反映了该企业历史的和当前的发展状况，而且反映了市场投资者对该企业未来发展的综合预期，所以 KMV 模型是一种“向前看”的模型，在一定程度上克服了依赖历史数据“向后看”的数理统计模型的“历史可以在未来复制其自身”的缺陷。第四，预期违约频率指标在本质上是一种对风险的基数衡量法，可以反映风险水平差异的程度，因而更加准确。

当然，KMV 模型同样存在着一些缺点。首先，企业的资产价值、企业资产收益率的期望值和波动性都无法观察到，必须使用估计技术来获得这些数据，然而估计的准确率却无从考证。其次，KMV 模型的假设利率是事先确定的。尽管此假设可能对在一年计划期内估计违约概率没有太大影响，但它限制了将 KMV 模型应用于期限更长的贷款（一年以上）和其他利率敏感性工具。再次，KMV 模型隐含地假定当风险债券的到期日趋向于零时，信用风险的利差也趋向于零，但实证研究否认这一结论。最后，KMV 模型虽然在一定程度上反映了预期因素，但它仍使用历史数据确定预期违约概率，其隐含的假设为经济状况是静止的，此假设显然不合情理。

4.7　三种模型在我国的应用前景分析

目前，想将三种在欧美发达国家最流行的信用风险量化模型（KMV 模型、Credit-Metrics 模型和 Credit Risk$^+$模型）直接引进到我国使用还不现实。首先，我国股市价格严重偏离公司资产实际状况，使得应用 KMV 模型的输入数据的准确性、可靠性起了疑问，结果就是“Rubbish in, rubbish out”，这样的股市现状使得 KMV 模型成为 “无本之木、无水之源”。然后，由于没有诸如穆迪、标准普尔等信用评级机构，所以也不存在信用等级转移矩阵，且短期内也无法实现，因此无法应用 Credit-Metrics 模型。最后，与 Credit-Metrics 模型的情况类似，Credit Risk$^+$模型的基础就是要能够获取一张国家贷款死亡率表（Nation Loan Mortality Table），中国目前还不具备这个条件，各个商业银行之间的资料仍然处于各自垄断的情况，且没有跨行客户数据的处理能力。因此，目前而言，对这三个基于现代金融理论的信贷风险模型还只能停留在理论研究阶段。如何结合中国的具体情况，改进这些模型的一些必备条件，使之在我国信用风险防范与管理的领域具有其用武之地将是下一步要研究的重点。

4.8　小结

本章研究了三种以现代金融理论为基础的信用风险量化模型，即 KMV 模型、Credit-Metrics 模型和 Credit Risk$^+$模型。这三种模型是目前西方发达国家在进行信用分析过程中最主要应用的模型，对这些模型的研究和改进是我国信用风险领域研究的前沿和热点之一。虽然该研究目前仍然停留在理论探讨阶段，但我们相信，随着这一课题的应用研究越来越细密，取得的相关研究成果也日益丰富，它必将为我国银行业平稳地从计划体制向市场体制过渡，加强风险防范做出重要贡献。

第 5 章　我国央行的监管风险模型研究

本章 5.1 节简要说明基于防范金融机构信用风险的存款保险制度的产生过程及其在西方国家应用的基本现状，接着详细分析了我国采取存款保险制度的可能性和利弊分析。在假设我国采用此制度的条件下，本章 5.2 节提出了我国央行监管风险的一个新的对策论模型[1]。该模型把央行和投保银行看作不完全信息博弈模型中的局中人，将央行的风险规避心理与投保银行的隐瞒资产倾向通过数学模型描述为一个对策问题，推导出最佳储备金费率和最佳资产申报额的表达式，最后给出理论分析、算法和实证。

本章 5.3 节承接上述思路，用布莱克·修斯公式的欧式期权定价方法提出了另一个新的计算银行资产储备金费率的数学方法[2]，适用于指导央行制定金融储备金费率。在我国央行目前实行单一储备金费率的条件下具有一定的参考意义。然后据此从投保银行的角度来反向考虑，导出投保银行得到补偿率的一个上确界，最后给出算例。

5.1　存款保险制度研究

5.1.1　引言

在金融高度市场化的欧美等发达国家，应对商业银行的信用风险有一种比较行之有效的办法——存款保险制度。这种制度对于加强对商业银行的监管、防范和化解信用风险、保护存款人利益等方面起到显著作用。

从我国目前的情况来看，除了四家国有商业银行外，还有不少非国有商业银行及众多信托投资公司和城乡信用社等存款性金融机构，银行业面临的竞争和信用风险都在逐渐加大。在现有体制下，除了央行的监管外，并无其他职能部门能

---

[1] Jiang Hongxun, Qiu Wanhua. A game theory approach of Deposit Insurance. Journal of systems science and systems engineering.（已录用）

[2] 蒋洪迅，邱菀华. 基于欧式期权的储备金费率及补偿率一个简单算法. 系统工程理论与实践，2002，12.

对商业银行进行有效监控。商业银行如果忽视金融风险，内控机制不完善，则易使央行的监管处于滞后和被动，并且央行兼有金融监管与宏观调控两大职能，既当“裁判员”又当“运动员”，无法真正行使监管职能，监管还停留在行政的违章检查、效能检查和廉政检查上，“上有政策，下有对策”的积习更增加了银行体系的风险[137]。因此，能否将央行的外部监管与商业银行的内部监管结合起来，是我国金融体制改革中应当关注的问题。金融风险保险便是许多发达国家构建本国金融业“公共安全网”的一个重要组成部分，是一些工业发达国家防范和化解金融风险的成功举措。其中的存款保险制度更是在保持金融系统的稳定和加强对商业银行存款管理的监督上发挥了重要作用[21]。存款保险制度一方面可以在商业银行出现风险时由保险公司及时对其采取补救措施，保护债权人的利益；另一方面由于风险补偿直接与保险公司的经济利益挂钩，因而保险公司必然加大对商业银行的监管力度，促使商业银行改善经营管理，提高效率，建立合理的收益-风险评估机制，降低金融风险产生的可能性。这种横向的利益监管比之央行的纵向职能监管可以将监管的重心放在风险预防上，由规定性监管向风险性监管过渡，最大程度地使银行风险得以被尽早发现并化解，避免金融风险的“多米诺效应”[106]。所以，在商业银行的安全性无法回避的今天，借鉴欧美存款保险制度的先进经验，注重研究我国商业银行的存款风险并认真构建我国商业银行的风险防范机制已变得非常重要。

5.1.2　存款保险制度的产生、安排及评析

1929—1933 年资本主义国家出现了历史上最严重的经济危机，美国的经济也遭受沉重打击，在金融领域，近 1/3 银行倒闭，存款者的利益受到严重损害，危及金融系统和整个社会经济的稳定[73]。在此背景下，1933 年美国国会通过《格拉斯-斯蒂格尔法》(Glass-Steagall Act)，建立了美国联邦存款保险公司[1]，开创了世界现代银行存款保险制度的新纪元。

美国存款保险制度的运行机制如下。

(1) FDIC 的性质与职能。美国 FDIC 最初资金的来源是由财政部出资一半以上，其余由各联储银行按其 1933 年年底盈余额的 50%认缴股份，股东银行一律享有存款保险权力。在紧急情况下，FDIC 有向财政部借款 30 亿美元的特权。FDIC 是一个联邦政府独立的金融管理机构，其最高机构是理事会，下设 6 个地区分公司。它除了进行存款保险以外，还具有金融检查、金融预警的职能，并参与对金

[1] Federal Deposit Insurance Corporation，以下简称 FDIC.

融机构的监管工作，目的是建立一个稳健、安全的银行体系，防止个别银行破产株连其他银行，稳定公众对银行体系的信心，保护存款者的利益。

（2）存款保险资格。美国《存款保险法》规定，所有联邦储备体系的银行必须参加 FDIC 的存款保险，非联邦储备体系成员的州银行及非会员银行或其他金融机构可以自愿参加存款保险。自愿参加联邦存款保险的非会员银行或其他金融机构必须先提出投保申请，经 FDIC 审查合格后给予保险资格。事实上，由于存款保险制度对金融机构的稳定提供了较大的保障，非会员银行一般也都愿意参加存款保险。目前，美国 98%以上的商业银行都参加了联邦存款保险。

（3）保险标的、费率及限额。存款保险标的是指可以获得存款保险的各种类型的存款，包括本币存款和外币存款。FDIC 负责对所有活期存款账户、定期存款账户、储蓄存款账户提供存款保险。它对存款采取部分保险，非全额保险，并规定最高受保额，最高受保额根据不同时期的经济发展和投资与储蓄状况不断调整。最初为 2500 美元，20 世纪 50 年代末为 1 万美元，20 世纪 60 年代末及以后的较长时期一直为 2 万美元，目前调整为 10 万美元。年保险费率也是不断调整的动态费率，最初在 1.12%～1.32%之间，目前为 1.12%左右。无论银行大小，其最高受保额和保险费率一致。

（4）报告制度和资格审查制度。存款保险银行必须按 FDIC 的要求上交各种经营报告和统计表，并随时准备接受 FDIC 对其经营风险的检查与调查。对于那些从事违背安全性原则的业务活动，从事违法活动和违反同其他机关签订的书面协议的银行，FDIC 有权取消其保险资格，并对其实行接管清理，以便将银行的信用风险消灭在萌芽状态，避免银行倒闭事件的发生。同时，为避免由于银行被取消其保险资格而引起挤兑或金融恐慌，FDIC 对取消保险资格的银行的原有存款仍实行为期两年的存款保险，但对其新吸收的存款不提供保险。在对取消保险资格的银行的原有存款继续提供保险的两年时间里，FDIC 仍有检查、监督其业务经营的权利。

（5）拯救方案。当投保银行倒闭或面临倒闭时，FDIC 可以采取以下措施。

①资金援助。对于社会影响力大的濒临破产的银行，FDIC 通过对其发放贷款，购买受保银行的资产或拿出一笔资金存入受保银行等方法，使受保银行起死回生，以维护存款者和银行股东的权益。

②资助、协助其他银行兼并、合并或接受已破产的受保银行。

③组织存款理赔。对于那些不适用于采取挽救措施或采取挽救措施无效的中小银行，FDIC 通过法院宣告其破产，并赔偿最高受保额以下的存款。

④通过购买破产银行的股票，直接接管并改组该银行。

⑤代发企业债券，保护存款者利益。银行破产往往是由于企业债务没有及时

清偿所至。因此，FDIC 规定企业作为银行债务人有偿还储户存款的连带责任。一旦银行破产，企业所欠资金由存款者继承，由 FDIC 代发企业债券来实现。这种方式现在已在实施过程中发展成为存款者向企业参股的方式。

美国的存款保险制度在设立的最初 50 年中成功地稳定了金融系统，使 20 世纪 30 年代的金融危机不复重现。1930—1933 年，美国每年有 2000 家以上的银行倒闭，而自 1934 年到 20 世纪 80 年代，投保银行宣告破产的每年平均只有十几家。可见，存款保险制度对稳定美国银行业的秩序起了十分重要的作用，表现在：

（1）存款保险制度可以增强广大储户对商业银行的信心，降低商业银行的信用风险，保证商业银行存款来源的稳定，使大多数银行有良好的经营环境。

（2）存款保险制度构造了商业银行防范风险的一个外部监管部门，存款保险公司通过日常的宣传、督导、检查和监理工作，可以促使商业银行提高经营管理水平，防止和减少商业银行因经营不善承担过大风险而倒闭。

（3）存款保险制度可使商业银行在一定程度上减少资本金和备付金的持有量，相对扩大贷款和投资规模，可获得更多利润。

尽管如此，存款保险制度还存在一定的负面影响。

（1）在一定程度上增加了投保银行的财务负担，提高了存款成本，使银行利润和股东权益报酬率下降；

（2）投保银行依仗保险制度的支持，承受过大风险营运，为整个金融体系注入不稳定因素；

（3）存款保险制度规定的同一保险费率、同一最高受保额造成金融机构承担与其成本不相适应的投资风险。

5.1.3　存款保险制度在我国银行业推行的可能性分析

存款保险制度在欧美确立后，对树立存款者信心、维护金融系统的稳定方面起了重要作用，但是它在我国是否可行要具体分析我国的经济发展情况、金融结构、银行的管理机制、货币政策，以及存款者的风险意识和心理承受能力等诸多因素。

首先，金融企业破产是市场经济的一种客观现象，是市场竞争的必然结果，有市场经济就存在竞争，竞争必然导致优胜劣汰。金融企业破产是市场经济高效运行的重要机制，通过破产，经济资源才能从低效或无效的金融企业中置换出来，流入高效企业，使企业结构、经济结构得到有效调整；通过破产才能强制每个企业在竞争中不断追求效率、提高效率。而且，金融企业破产也是对经济运行中所产生的风险损失的不断释放，不断消化，避免潜在的风险长期积累扩大，酿成更大的金融危机。《商业银行法》第 71 条规定“商业银行不能支付到期债务，经中国人民银行同意，由人民法院依法宣告其破产”。因此，银行倒闭在我国也不再是天方夜谭。目前，我国银行业的资产业务出现了高风险的趋势，存在不可忽视的危及银行经营安全的问题，银行一旦破产将直接威胁存款者的利益并对整个社会经济产生连锁性、破坏性的影响。所以，建立存款保险制度是保证我国金融业稳健发展的重要基石。

其次，我国的经济改革以渐进为特点，把稳定作为改革的核心思想。作为风险性较高的金融企业，构建一种合理有效的监管体制是十分必要的。但是从当前我国的监管主体和监管方式上来看还存在一定问题。中国人民银行集监督管理和宏观调控于一体，这两个职能从根本上看是统一的，但在具体操作中二者存在矛盾。如果中国人民银行在金融监管方面事无巨细全权包揽，宏观调控就难以处于超脱地位，反之，监管工作也无法达到预期效果。若建立存款保险机构，分担中国人民银行部分监管职能，在微观层面对金融企业进行监管，实行横向利益监管，将有助于提高金融企业的效率，协调中国人民银行两大基本职能在具体操作中的矛盾。

再次，我国金融改革的目标是政企分开，使银行成为自担风险、自主经营、自负盈亏的独立企业。若金融企业在发生信用危机时仍依靠政府，将极大阻碍金融业市场化的进程，而且即使央行用再贷款方式对其进行救助，也必然会增加基础货币的投放，与稳定币值的货币政策相矛盾。特别是在出现全国性信用危机时，如果不大量投入再贷款，就达不到救助目的，然而大量投入再贷款又会埋下通货膨胀的隐患，央行将进退维谷。保险基金是一笔事先提取、长期积累的防范风险补偿损失的专用基金，一旦发生信用危机，动用保险基金不会引发货币增发和通货膨胀，从而达到维护信用安全和保证货币稳定的目的。从这一点看，将保险机制引入金融风险防范体系具有重要意义。

最后，我国的金融结构还不完善，金融市场无论在广度上还是深度上都还不够发达，难以提供足够多的低风险市场工具供存款人分散风险，大多数居民的资产结构主要是储蓄存款。步入市场经济后，居民对市场风险有了初步认识，其回避风险的意识在不断加强，但承受风险的能力却没有同步增加。在国有企业步履维艰，大量贷款无法归还的情况下，银行依然能吸收大量居民存款，说明公众的信心不是针对某个银行而是针对政府的。在市场化过程中，随着政府的退出，又由于信息不对称，存款人的信心极易崩溃。因此，由政府支持的存款保险制度对树立存款人的信心、回避风险有极大帮助。

5.2　央行监管风险的对策论模型

由于我国现代银行体制建立时间还不太长等诸多原因，目前我国尚未明确建立类似于存款保险的制度。央行管理下属各家商业银行的办法仍然是通过按期收缴储备金来实现的。如果某一家商业银行出现信用危机或挤兑现象，央行只好出面干预，按照一定比率投入资金来挽救该银行，以保护储户的利益，而最终目的是避免社会动荡。这种做法实际上也是一种隐含的存款保险制度，在此央行充当了存款保险公司的角色。

下面讨论对央行收缴储备金费率和投保银行资产申报额量值的问题。

5.2.1　储备金费率与资产申报额的博弈分析

央行与各商业银行存款保险关系的关键特征变量，诸如储备金费率和资产申报额等，可以考虑用一种博弈模型来描述。下面提出一个博弈模型来对储备金费率进行分析。

在这个博弈模型中，有 $n+1$ 个局中人：一个央行和 n 个被监管的商业银行（$n \geqslant 1$）。博弈可分为两个阶段：在第一阶段，央行先选定商业银行资产的上缴比例 β_i（储备金费率）；在第二阶段，各投保银行观测到 β_i 后，由它们自主确定上报的投保资产价值额 Q_i'（设 Q_i 为期初真实总资产，而 Q_i' 为上报的金额），设 $\omega_i = \dfrac{Q_i'}{Q_i}$。一般来说，各投保银行从资本运营角度总会考虑如何尽量减少上缴金额，为此会隐瞒其资产额，往往是 $Q_i' \leqslant Q_i$，所以 $0 \leqslant \omega_i \leqslant 1$。

令 β_i 为第 i 个商业银行的上缴比例（$0 \leqslant \beta_i \leqslant 1$），则央行的预算收入为

$$R = \sum_{i=1}^{n} \beta_i Q_i' \tag{5-1}$$

故第 i 个投保银行的期初预算资产为

$$L_i = Q_i - \beta_i Q_i',\ i=1,\ \cdots,\ n \tag{5-2}$$

在此，央行的目的是要保证其预算收入（上缴储备金的总量 R）能够抵御全部 n 个投保银行的信用风险，即 $R \geqslant E = \sum_{i=1}^{n} p_i Q_i$ [1]。在这个前提下，为使各银行之

---

[1] 定义 E 为央行为规避挤兑风险的支出需要，各投保公司实际资产 Q_i 乘以破产概率 p_i 的总和。

间的实际储备金的费率 $\beta_i' = \dfrac{\beta_i Q_i'}{Q_i}$ 差距最小（即平均主义偏好的央行），则央行的偏好可以用一个调整后的储备金费率 β_i' 的对数函数来代表，央行的目标为

$$\underset{\beta_i}{\text{Max}}\, U = \sum_{i=1}^{n} \ln\left(\frac{\beta_i Q_i'}{Q_i}\right)$$
$$\text{s.t.} \quad \sum_{i=1}^{n} \beta_i Q_i' = E \tag{5-3}$$

投保银行的目标是最大化期初 t 时企业的预算资产和期末 T 时获得资产补偿的加权平均[1]，即

$$\underset{Q_i'}{\text{Max}}\, U_i = (1-\rho_i)(Q_i - \beta_i Q_i') + \rho_i Q_i \mathrm{e}^{-r\tau}, \qquad i = 1, \cdots, n \tag{5-4}$$

式中，$\tau = T - t$ 为存款保险有效期；ρ_i 是投保银行 i 对在 $T-t$ 区间内出现挤兑危机时预期获得央行资产补偿的重视程度，所以 $0 \leqslant \rho_i \leqslant 1$。

因为投保银行对获得补偿的期望 ρ_i 越大，它逃避缴纳储备金的可能性就越小，隐瞒其资产额的倾向也就越小，$\omega_i = \dfrac{Q_i'}{Q_i}$ 也就越接近 1，即 ω_i 随着 ρ_i 的变化而同方向变化。期望程度 ρ_i 与其资产额投保比例 ω_i 之间存在着一种理论关系为

$$\rho_i = g(\omega_i) \tag{5-5}$$

为简单起见，假设 ρ_i 与 ω_i 呈线性相关关系，即 $\rho_i = g(\omega_i) = a_i \omega_i + b_i$，其中 $a_i > 0$。

依博弈顺序，央行在博弈的第一阶段选择 $\beta_1, \beta_2, \cdots, \beta_n$，其目标是在给定的商业银行的反应函数条件下，央行的选择是最优的；第二阶段，各个商业银行在观测到 $\beta_1, \beta_2, \cdots, \beta_n$ 后，都会选择其上报资产数额 $Q_1', Q_2', \cdots, Q_n'$，其目标是在央行给定的 $\beta_1, \beta_2, \cdots, \beta_n$ 前提下和其他 n−1 个银行的选择，使自己这个商业银行的选择是最优的，由此，博弈达到均衡状态。

现在，先求解第二阶段博弈的均衡状态，即纳什均衡。给定 $\beta_1, \beta_2, \cdots, \beta_n$ 和 $Q_1', Q_2', \cdots, Q_{i-1}', Q_{i+1}', \cdots, Q_n'$，第 i 个商业银行选择 Q_i' 以最大化：

$$\underset{Q_i'}{\text{Max}}\, U_i = (1-\rho_i)(Q_i - \beta_i Q_i') + \rho_i Q_i \mathrm{e}^{-r\tau}$$

求解最优化问题得到其反应函数：

$$Q_i'^{*} = \frac{a_i(1-\mathrm{e}^{-r\tau}) + \beta_i(1-b_i)}{2a_i\beta_i} Q_i \tag{5-6}$$

简化上述反应函数，设 $a_i = 1, b_i = 0$，则式（5-6）可以表示为

$$Q_i'^{*} = \left(\frac{1-\mathrm{e}^{-r\tau}}{2\beta_i} + \frac{1}{2}\right) Q_i \tag{5-7}$$

[1] 资料来源：张维迎. 博弈论与信息经济学. p190. 上海：上海人民出版社，1996.

所以投保银行申报金额是上缴比例 β_i 和保险有效期 τ 的递减函数，即上缴比例越高，申报资产 Q_i' 越小，而被隐瞒的资产 $Q_i - Q_i'$ 就越大。在此，每个投保银行的反应函数独立于其他银行的选择，因此 $(Q_1^{'*}, Q_2^{'*}, \cdots, Q_n^{'*})$ 即是第二阶段博弈的纳什均衡。

央行已经了解投保银行的反应函数及其一般会具有的隐瞒资产倾向，故央行在第一阶段的问题为

$$\operatorname*{Max}_{\lambda_i} U = \sum_{i=1}^{n} \ln\left(\frac{\beta_i Q_i'}{Q_i}\right)$$

$$\text{s.t.} \quad \sum_{i=1}^{n} \beta_i Q_i' = E$$

将 $(Q_1^{'*}, Q_2^{'*}, \cdots, Q_n^{'*})$ 代入，构造拉格朗日函数：

$$L = \sum_{i=1}^{n} \ln\left(\frac{1+\beta_i - \mathrm{e}^{-r\tau}}{2}\right) + \alpha\left(\sum_{i=1}^{n} \frac{1+\beta_i - \mathrm{e}^{-r\tau}}{2} Q_i - E\right) \qquad (5\text{-}8)$$

最优化的一阶条件为

$$\frac{\partial L}{\partial \beta_i} = \frac{1}{1+\beta_i - \mathrm{e}^{-r\tau}} + \alpha \frac{Q_i}{2} = 0, \qquad i = 1, 2, \cdots, n \qquad (5\text{-}9)$$

$$\frac{\partial L}{\partial \alpha} = \sum_{i=1}^{n} \frac{1+\beta_i - \mathrm{e}^{-r\tau}}{2} Q_i - E = 0 \qquad (5\text{-}10)$$

由式（5-9），将 $i = 1, 2, \cdots, n$ 代入消去 α，得

$$(1+\beta_1 - \mathrm{e}^{-r\tau})Q_1 = \cdots = (1+\beta_i - \mathrm{e}^{-r\tau})Q_i = \cdots = (1+\beta_n - \mathrm{e}^{-r\tau})Q_n \overset{令}{\equiv} 2B \qquad (5\text{-}11)$$

将式（5-11）及 $E = \sum_{i=1}^{n} p_i Q_i$ 代入式（5-10），得

$$B = \frac{1}{n} \sum_{i=1}^{n} p_i Q_i \qquad (5\text{-}12)$$

将式（5-12）代入式（5-11），可以求出 β_i^* 为

$$\beta_i^* = \frac{2}{nQ_i} \sum_{i=1}^{n} p_i Q_i + \mathrm{e}^{-r\tau} - 1, \qquad i = 1, 2, \cdots, n \qquad (5\text{-}13)$$

此处 $(\beta_1^*, \beta_2^*, \cdots, \beta_n^*)$ 即是第一阶段博弈的纳什均衡。由此可以看出，央行为了保证能给各商业银行必要的信用担保，同时又不致给自己带来过大的经济损失，确定第 i 个商业银行的上缴比例 β_i^* 是其资产 Q_i 的减函数。

将式（5-13）代入式（5-7），求出 Q_i' 为

$$Q_i' = \frac{E}{\dfrac{2E}{Q_i} + n(\mathrm{e}^{-r\tau} - 1)} \qquad (5\text{-}14)$$

$$\omega_i = \frac{Q_i'}{Q_i} = \frac{E}{2E + nQ_i(\mathrm{e}^{-r\tau} - 1)} \tag{5-15}$$

由式（5-15）可以得出 ω_i 也是资产 Q_i 的减函数，也就是说，资产 Q_i 越小的银行其隐瞒资产的倾向也就越严重，小银行具有其内生的逃避投保与监管的特征。

5.2.2 算例 I

为了进一步表明上缴比例 β_i^*[式（5-13）]和资产比重 ω_i[式（5-15）]之间的数学关系和计算步骤，这里举一个所有参数都已经给定的简单例子。假定某十家银行资产盯市值 Q_i 分别为（1，2，3，4，5，6，7，8，9，10）×10^3 万元，每年无风险利率是 8%，有效期 τ 为三个月，且破产概率 p_i 估计均为 3.6%，以第一家银行为例，

$$\lambda_1^* = \frac{2}{nQ_1}\sum_{i=1}^{n} p_i Q_i + \mathrm{e}^{-r\tau} - 1 = \frac{2}{10} \times 55 \times 0.036 + \mathrm{e}^{-0.08(0.25)} - 1 = 0.376$$

$$\omega_i = \frac{E}{2E + nQ_i(\mathrm{e}^{-r\tau} - 1)} = \frac{55 \times 0.036}{2 \times 55 \times 0.036 + 10 \times (\mathrm{e}^{-0.08(0.25)} - 1)} = 0.526$$

有效期三个月是一年的 1/4，所以 τ=0.25。表（5-1）是上例中不同资产的上缴比例 β_i^* 和资产比重 ω_i 的数值；图 5-1 描绘了上缴比例 β_i^* 和资产比重 ω_i 关于资产总量的函数曲线图。

本节仅举一个简单的算例，说明我国央行监管风险对策论模型的计算步骤，在第 6 章 6.3 节的案例分析中，笔者根据五家国有银行“工、农、中、建、交”的实际数据进行了实证研究，得出一些有价值的结论。具体内容请参见 6.3 节的案例分析。

表 5-1 上缴比例 β_i^* 和资产比重 ω_i

银行资产市值 Q_i	上缴比例 β_i^*	资产比重 ω_i
1×10^7 元	0.3762	0.5263
2×10^7 元	0.1782	0.5555
3×10^7 元	0.1122	0.5882
4×10^7 元	0.0792	0.625
5×10^7 元	0.0594	0.6667
6×10^7 元	0.0462	0.7143
7×10^7 元	0.0367	0.7692
8×10^7 元	0.0297	0.8333
9×10^7 元	0.0242	0.9091
10×10^7 元	0.0198	1

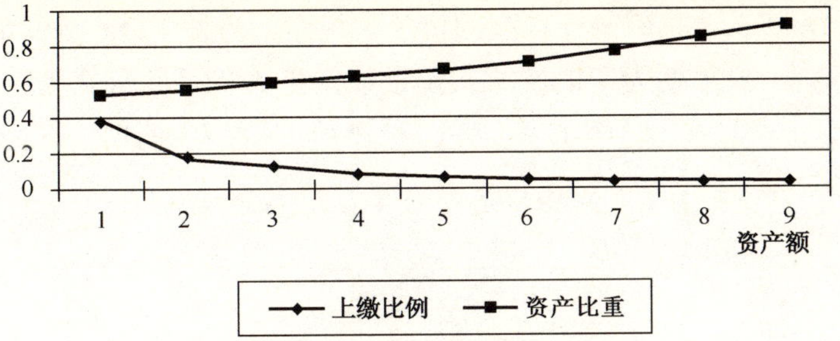

图 5-1　上缴比例 λ_i^* 和资产比重 ω_i

5.3　基于期权理论的储备金费率模型

如前所述，虽然在我国尚未明确建立这类存款保险制度，而一旦某商业银行出现挤兑现象等信用危机，央行就出面干预，按照一定比率出资挽救该银行，以保护储户的利益，避免社会动荡。这种做法实际上也是一种隐含的存款保险制度，这里央行充当了近似于存款保险公司的角色。

Merton（1977）[100]认为存款保险合约类似于由存款保险公司出售的一份对银行资产价值的卖出期权，银行缴纳储备金后就隐含地掌握了这份看跌期权，当某银行出现资不抵债时，该行就会执行这份期权。央行用预约的价格来购买这类不良资产。

为了在正常经济时期支持商业银行的运行，央行正确、适当地制定银行储备金费率及补偿率有利于对商业银行的监管，也会在一定程度上保证商业银行的活力，实际上起着防范信用危机、保护储户利益的作用。因此，随着我国与世界经济的联系日益紧密，探讨银行储备金费率的课题受到越来越多经济理论学者的重视。

5.3.1　储备金费率的定价模型

布莱克·修斯公式（Black-Scholes）[26]是研究期权定价最著名，也是在实用经济学中最成功的模型。该模型的推导是基于以下假设前提的。

（1）期权的基础——资产价格是持续存在的，并且遵循随机漫步过程，即几何布朗运动（Brownian Motion）。

（2）利率和方差是已知并不变的。

（3）资本市场是完善的（允许卖空，不存在交易成本和税收，市场运行具有连续性）。

依据 Black-Scholes 公式中的欧式卖出期权定价公式：

定义 1：设 S 为 t 时刻银行资产的价值，资产的方差为 σ，执行价格为 E，无风险收益率为 r，执行期为 T 的欧式卖出期权定价 P 的计算公式为

$$P(S,t) = -SN(-d_1) + Ee^{-r(T-t)}N(-d_2)$$

其中，

$$d_1 = \frac{\ln(S/E) + (r + \frac{1}{2}\sigma^2)(T-t)}{\sigma\sqrt{(T-t)}} \tag{5-16}$$

$$d_2 = d_1 - \sigma\sqrt{(T-t)}$$

定义 2：（金融监管储备金制度）设 Q_t 为某商业银行的名义资产价值，央行要求的资本充足率为 λ，则期初 t 时刻央行要求该商业银行上缴的储备金 C 为

$$C(Q_t,t) = \lambda \cdot Q_t \tag{5-17}$$

由于我国央行与商业银行之间执行监管并兼信用担保的关系，所以可以将央行要求各商业银行上缴的这部分储备金看作央行出售的一份对银行资产价值的卖出期权的定价价格，商业银行如果在期内出现信用危机，可以要求执行期权。因此，现有储备金监管制度应该隐含如下等式：

$$P(S,t) = C(Q_t,t), \qquad E = Q_t \tag{5-18}$$

由此推出：

定理 1：（储备金费率定价公式）央行作为执行价格为期初全部资产价值 Q_t 的卖出期权的理性出售者，在资本市场完善的条件下，要求被监管（或信用担保）银行上缴的储备金费率最低为

$$\lambda^* = N(-d_2)e^{-r(T-t)} - N(-d_1)\frac{S}{Q_t} \tag{5-19}$$

其中，

$$d_1 = \frac{\ln(S/Q_t) + (r + \frac{1}{2}\sigma^2)(T-t)}{\sigma\sqrt{(T-t)}}$$

$$d_2 = d_1 - \sigma\sqrt{(T-t)}$$

设期初资产比率 $K \equiv S/Q_t$，由式（5-19）可以看出，λ^* 的取值仅仅与 K、σ、$T-t$ 有关。如果不存在隐瞒行为，即 $K=1$，且有效期 $T-t$ 固定（如一年），则 λ^* 的确定仅取决于 σ：

$$\lambda^* = N(-d_2)e^{-r(T-t)} - N(-d_1)$$

其中，

$$d_1 = \frac{r}{\sigma\sqrt{(T-t)}} + \frac{1}{2}\sigma\sqrt{(T-t)} \tag{5-20}$$

$$d_2 = \frac{r}{\sigma\sqrt{(T-t)}} - \frac{1}{2}\sigma\sqrt{(T-t)}$$

当 σ 越大时，$|d_1 - d_2|$ 越大，由式（5-20）可以得出的 λ^* 也越大。由此可以

说明，储备金费率（或称存款保险费率）λ^*与银行资产运行活动的风险 σ 正相关。如果存款保险的成本与银行交易行为的风险性无关，则产生一个非正常的激励去承担额外的风险来获得更大的利润，银行作为期权的持有者最大化期权价值的行为是我国单一费率的存款保险制度所固有的和特有的。

5.3.2　存款保险最大补偿率模型

储备金费率定价模型是从央行金融机构风险控制管理的角度来规避下属商业银行信用风险的思路，然而作为一个普通的储户（或投资者、债权人），他们考虑的则是自己的存款（资产）是否存在风险，以及这些风险会带来多大的损失。

对此，这里给出一个存款保险最大补偿率的量化模型来讨论这个问题，这个量化模型假设：

（1）储备金费率 λ 已知并不变。

（2）在期权有效期内 $T-t$ 发生了信用危机，但在期末 T 时刻期权被执行。

定理 2：（存款保险最大补偿率公式）在资本市场完善的条件下，央行以 λ 费率收取储备金，其作为卖出期权的理性出售者，期权的执行价格为 E，则银行（或储户）执行期权后获得的存款保险最大补偿率 f 为

$$f^* = \frac{\lambda + N(-d_1)K}{N(-d_2)} \mathrm{e}^{r(T-t)}$$

其中，

$$d_1 = \frac{\ln(S/E) + (r + \frac{1}{2}\sigma^2)(T-t)}{\sigma\sqrt{(T-t)}} \tag{5-21}$$

$$d_2 = d_1 - \sigma\sqrt{(T-t)}$$

简证：

由于我国对现行存款性金融机构的制定政策，中国人民银行对各商业银行除了监管以外，实际上还隐含了存款保险关系，每期（通常是一年）都确定一个储备金费率 λ，其期初收取的金融储备金 λQ_t 相当于其期权价格 $P(S,t)$，从而式（5-18）变为

$$\because \lambda Q_t = P(S,t) = -SN(-d_1) + E\mathrm{e}^{-r(T-t)}N(-d_2) \tag{5-22}$$

$$E = \frac{\lambda Q_t + SN(-d_1)}{\mathrm{e}^{-r(T-t)}N(-d_2)} \tag{5-23}$$

$$\therefore f^* \equiv \frac{E}{Q_t} = \frac{\lambda + N(-d_1)\dfrac{S}{Q_t}}{\mathrm{e}^{-r(T-t)}N(-d_2)} = \frac{\lambda + N(-d_1)K}{N(-d_2)}\mathrm{e}^{r(T-t)} \tag{5-24}$$

由式（5-21）可以推出，在其他因子不变的情况下，缴纳的 λ 越大，得到的 f^* 也就越大。这里得出的 f^* 曾经用于第 2 章中关于信用风险下存款策略的研究。

5.3.3 算例II

为了表达最低储备金费率式（5-20）和最大补偿率式（5-21）的计算步骤，这里拟一个所有参数给定的计算示例。

1. 最低储备金费率的计算

这个示例假定当前银行资产盯市值 S 为 10^4 万元，投保资产 Q_t 为 9×10^3 万元，每年无风险利率是 6%，有效期为三个月，且资产 S 的价值方差估计为每年 20%，

$$
\begin{aligned}
d_1 &= \frac{\ln(S/Q_t)+(r+\frac{1}{2}\sigma^2)(T-t)}{\sigma\sqrt{(T-t)}} \\
&= \frac{\ln(10/9)+(0.06+\frac{1}{2}\times 0.2)\times 0.25}{\sqrt{0.2}\sqrt{0.25}} = 0.65 \qquad (5\text{-}25)\\
d_2 &= d_1-\sigma\sqrt{(T-t)} = 0.65-\sqrt{0.2}\times\sqrt{0.25} = 0.4264
\end{aligned}
$$

将 d_1，d_2 代回式（5-19），得

$$
\begin{aligned}
\lambda^* &= N(-d_2)\mathrm{e}^{-r(T-t)} - N(-d_1)\frac{S}{Q_t} \\
&= N(-0.4264)\mathrm{e}^{-0.06(0.25)} - N(-0.65)\frac{10}{9} \qquad (5\text{-}26)\\
&= (0.3349)\mathrm{e}^{-0.06(0.25)} - (0.258)\frac{10}{9} = 0.043
\end{aligned}
$$

有效期三个月，即一年的四分之一，所以（T−t）=0.25。求出的储备金费率为 4.3%。表 5-2 是上例中（即 T=3 个月，r=0.06，K=10/9）不同资产方差的储备金费率，而图 5-2 描绘了储备金费率关于资产方差的函数曲线图。

表 5-2 不同资产方差的储备金费率数据表

资产方差	d_1	$N(-d_1)$	d_2	$N(-d_2)$	费率(%)
10%	0.840	0.2	0.6822	0.2475	2.1
15%	0.718	0.236	0.525	0.3	3.3
20%	0.650	0.258	0.4264	0.3349	4.3
25%	0.606	0.272	0.356	0.361	5.3
30%	0.576	0.282	0.3026	0.3811	6.2

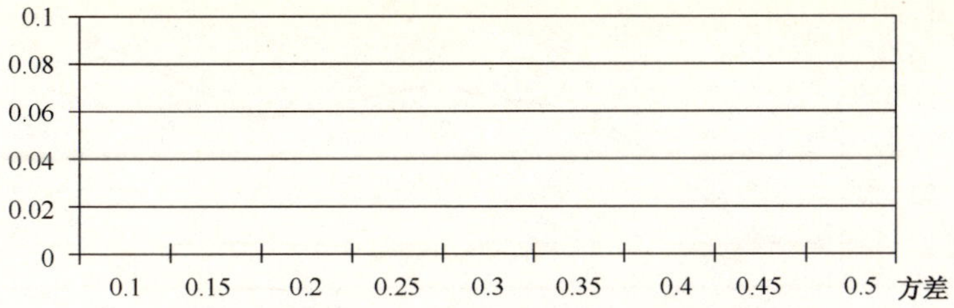

图 5-2　不同资产方差的储备金费率函数曲线图

2．最大补偿率的计算

关于最大补偿率的计算步骤与上例相似，只是储备金费率已经由 λ 确定，先求期权的执行价格，然后算出补偿率。

将式（5-25）中的 d_1，d_2 和式（5-26）中的 λ^* 代回式（5-21），得

$$f^*=\frac{\lambda+N(-d_1)K}{N(-d_2)}\mathrm{e}^{r(T-t)}$$

$$=\frac{0.043+N(-0.65)\dfrac{10}{9}}{N(-0.4264)}\mathrm{e}^{0.06(0.25)}$$

$$=\frac{0.043+0.258\times\dfrac{10}{9}}{0.3349}\mathrm{e}^{0.06(0.25)}=99.93\%$$

表 5-3 是上例中（即 T=3 个月，r=0.06，K=10/9）不同资产方差的最大补偿率，而图 5-3 描绘了最大补偿率关于资产方差的函数曲线图。

表 5-3　不同资产方差的最大补偿率的结果表

资产方差	d_1	$N(-d_1)$	d_2	$N(-d_2)$	费率(%)	补偿率(%)
10%	0.840	0.2	0.6822	0.2475	2.1	99.76
15%	0.718	0.236	0.525	0.3	3.3	99.89
20%	0.650	0.258	0.4264	0.3349	4.3	99.93
25%	0.606	0.272	0.356	0.361	5.3	99.89
30%	0.576	0.282	0.3026	0.3811	6.2	99.98

本节仅仅举一个简单的算例来说明我国央行监管风险的储备金费率模型的计算步骤，在第 6 章 6.4 节的案例分析中，笔者依据该模型并结合我国五家国有商业银行“工、农、中、建、交”的实际数据进行了实证研究，得出储备金费率与银行的资产规模和无风险利率的大小均呈正相关关系的结论。具体内容请参见第 6 章 6.4 节的案例分析。

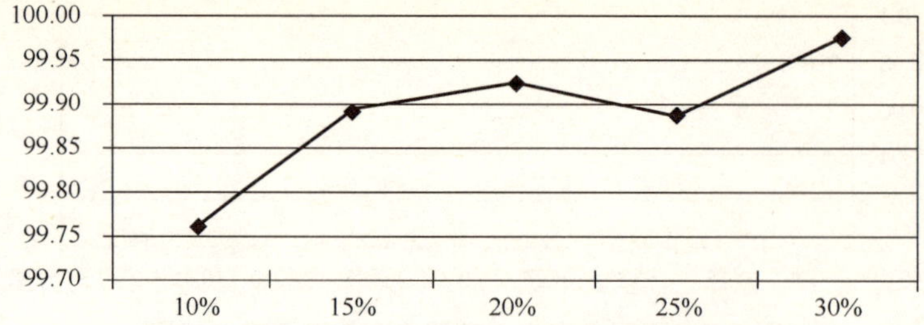

图 5-3 不同资产方差的最大补偿率的函数曲线图

5.3.4 费率模型的讨论

由表 5-2 及式（5-19）可知，储备金费率与资产风险具有近似线性的同增长关系，上述分析的结果表明，央行在制定各下属被监管银行储备金费率的决策过程中，应着重考虑其资产风险 σ 的因素。应当指出，这些计算模型得出的针对资产风险构成的储备金费率值并不可能十分严格到可以防范信用风险的程度（略低于巴塞尔委员会的监管条例），也不能足以防止其过度投机人的投资策略。但它确实提供了央行一种防止所属银行过度冒险和其他不利经营的数学计算依据，有利于央行执行约束的机制。由于金融市场受到的制约因素很多，在实际操作中，应根据历史情况和阶段性经济运行特点对两个“率”进行一些调整。这种调整在上述数学模型计算中可以附加一个或多个适当的调整系数。

5.4 小结

本章通过不完全信息对策论模型和欧式期权定价公式——布莱克·修斯公式两种方法构造了两个用于评价央行监督并担保商业银行的监管风险评估模型，并根据我国银行业的实际情况做了较详细的实证分析，得出一些基本结论。由于我国目前的商业银行信用风险管理尚且处于起步阶段，刚刚由过去的主观经验式的管理模式逐渐向数量化的管理转变，因此这两个风险量化模型对指导我国央行制定相关政策和定量/定性地分析商业银行的监管风险具有较强的实践意义。

然而，从目前而言，这两个模型在实际应用中还有许多关键问题需要解决，这些问题在第 6 章的案例分析中表现得比较突出。其中，最主要的就是一些至关重要的基础数据的获得，如第 6 章 6.3 节对策论模型的案例中，由于我国还没有关于这 5 家银行的瞬时破产概率的科学数据，因此假设了所有银行的破产概率都是一致的，这实际上是不合乎情理的；再如，第 6 章 6.4 节储备金费率模型的案例中，同样需要了解这 5 家银行资产变动的标准差值，可是在中国金融统计年鉴和中国人民银行统计年报、季报上都没有这样记录的数据，因此同样都假设为年均方差 20%，这也是不合乎情理的，和前面的破产概率一样，每家银行的这些数据都应该是彼此不同的。这些假设也影响了案例分析结构的准确性、可靠性。如何获取这些关键数据，并保证其可靠、准确，是我们研究人员下一步要着手解决的关键问题。

第6章 案例分析

本章将前面第2章、第3章、第5章所涉及的4个模型分别进行了应用研究。其中6.1节是关于存款风险模型中银行最大违约率的计算和讨论，分为固定利息和变动利息两种情况分别进行案例分析；6.2节是采用信贷风险中的Z-SCORE评分模型对我国一家电子类上市公司进行实证分析，并对其信用得分的变动进行分析；6.3节对监管风险中的对策论模型进行实证分析，探讨了上缴比例和资产比重与资产额之间的关联关系；6.4节是结合4家最具有代表性的国有商业银行的数据，对储备金费率模型进行实证分析，得出储备金费率与银行的资产规模和无风险利率的大小均呈正相关关系的结论。

6.1 存款风险模型的实证分析

6.1.1 固定利息情况下的实证研究

为了研究方便，这里以我国银行业现状为例，设计一个案例来进行计算。在我国，各银行的存款储蓄利率都是一致的，都是由央行统一制定的，这一点与国外完全市场化的情形相比具有其特殊性。因此，对于储户来说，同一存款种类其最大违约率λ^*在不同银行都是相同的。但随着我国金融体制改革的深入，各商业银行又独立经营，为了规避风险，储户还是可以依据不同银行的λ来选择开户银行的（取最小λ的银行）。

理论上无信用风险的银行利率$\gamma^0=0$，假定所有银行的补偿率$f=0$，$\omega=1$，并考虑20%的储蓄税问题，所以计算公式（2-10）变为

$$\lambda^* = -\frac{1}{\tau}\ln\left(\frac{1}{1+0.8\tau\gamma}\right) \tag{6-1}$$

而复利的情况是由公式（2-14）变为

$$\lambda^* = -\ln\left(\frac{1}{1+0.8\times\gamma}\right) \tag{6-2}$$

表6-1为按不同存款种类、不同计息方式计算出的λ^*表，图6-1描述了最大

违约率（复利和单利的）随着存款项目不同的变化趋势：

表 6-1 人民币（整存整取）存款利率与最大违约率

（单位：%）

存款种类	活期	3 个月	6 个月	1 年	2 年	3 年	5 年
银行利率[1]	0.99	1.96	2.16	2.25	2.43	2.70	2.88
最大违约率（单利）	0.79	1.56	1.72	1.78	1.91	2.09	2.18
最大违约率（复利）	0.79	1.55	1.71	1.78	1.93	2.14	2.28

由于设定的无风险利率 $\gamma^0=0$，所以这里活期利率 γ 就等于信用贴水 α。由表 6-1 可知，根据活期利率用（式 6-1）计算出的 $\lambda^*=0.0079$，由此可见我国目前各项利率 γ 太低，这意味着带来的收益低到要求极低的风险，要保证活期存款的开户银行的破产概率不能超过 8‰，否则储户还不如将存款放在家里以避免信用风险。当然，当前我国如此利率水平具有其深刻的政策和社会因素的背景，因此，如何平衡金融领域各方面的收益与风险，确定合理的财政金融政策和市场调控模式，是经济理论界将要进一步探讨的课题。

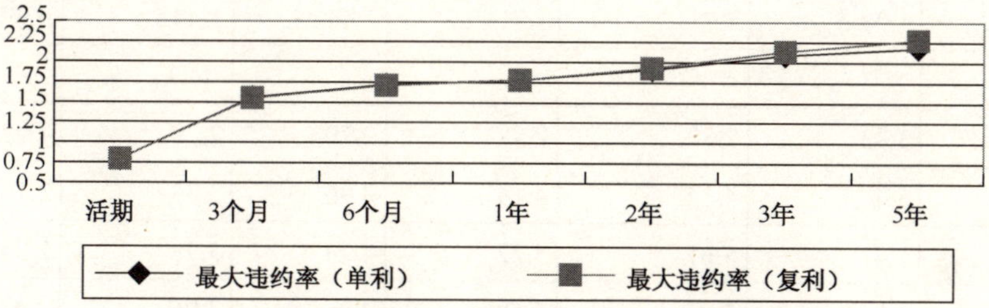

图 6-1 最大违约率 λ^* 随存款项目变化的走势图

6.1.2 变动利息情况下的实证分析

近些年来，中国人民银行（央行）逐渐学习引进国外先进的财政金融政策制定经验和理念，把利率作为调节宏观经济的有效杠杆，因此在最近几年内利率变动比较频繁，从 1996 年起到 2002 年初，央行共进行了 5 次降息，具体情况见表 6-2。

[1] 此行数值为 2001 年 1 月 1 日的央行法定人民币（整存整取）存款利率。资料来源：中国人民银行网站，http://www.pbc.gov.cn/，2000，12.

表 6-2 金融机构法定存款利率[1]

（单位：年利率%）

项　目	1996.8.23	1997.10.23	1998.3.25	1998.7.1	1998.12.7	1999.6.10
个人人民币储蓄存款						
活期	1.98	1.71	1.71	1.44	1.44	0.99
定期						
三个月	3.33	2.88	2.88	2.79	2.79	1.98
半年	5.4	4.14	4.14	3.96	3.33	2.16
一年	7.47	5.67	5.22	4.77	3.78	2.25
二年	7.92	5.94	5.58	4.86	3.96	2.43
三年	8.28	6.21	6.21	4.95	4.14	2.7
五年	9	6.66	6.66	5.22	4.5	2.88
企业单位						
活期	1.98	1.71	1.71	1.44	1.44	0.99
定期						
三个月	3.33	2.88	2.88	2.79	2.79	1.98
半年	5.4	4.14	4.14	3.96	3.33	2.16
一年	7.47	5.67	5.22	4.77	3.78	2.25
二年	7.92	5.94	5.58	4.86	3.96	2.43
三年	8.28	6.21	6.21	4.95	4.14	2.7
五年	9	6.66	6.66	5.22	4.5	2.88
大额可转让定期存单						
1 个月	2.7					
3 个月	3.33	2.88	2.88	2.79	2.79	
6 个月	5.4	4.14	4.14	3.96	3.33	
9 个月	6.66					
12 个月	7.47	5.67	5.22	4.77	3.78	

[1] 资料来源：中国国家统计年鉴 2001，第十九章 金融和保险. 北京：中国统计出版社，2001.

在表 6-2 中，由于企业单位法人储户和储蓄存款个人储户的各年度各项利率项目的值都是相同的，因此在下面计算的时候将其合并考虑。依据式(6-1)和(6-2)计算出的随时间变动的λ^*表 6-3：

表 6-3 单/复利情形下的金融机构最大违约率

（单位：%）

项目	1996.8.23		1997.10.23		1998.3.25		1998.7.1		1998.12.7		1999.6.10	
	单利	复利	单利	复利	单利	复利	单利	复利	单利	复利	单利	复利
储蓄存款												
活期	1.572	1.572	1.359	1.359	1.359	1.359	1.145	1.145	1.145	1.145	0.789	0.789
定期												
三个月	2.655	2.629	2.297	2.278	2.297	2.278	2.226	2.207	2.226	2.207	1.581	1.572
半年	4.274	4.229	3.285	3.258	3.285	3.258	3.143	3.119	2.646	2.629	1.721	1.713
一年	5.804	5.804	4.436	4.436	4.091	4.091	3.745	3.745	2.979	2.979	1.784	1.784
二年	5.966	6.143	4.540	4.643	4.276	4.367	3.744	3.814	3.072	3.119	1.907	1.925
三年	6.042	6.414	4.631	4.849	4.631	4.849	3.742	3.884	3.158	3.258	2.093	2.137
五年	6.150	6.953	4.724	5.191	4.724	5.191	3.793	4.091	3.310	3.537	2.181	2.278
大额可转让定期存单												
1 个月	2.158	2.137										
3 个月	2.655	2.629	2.297	2.278	2.297	2.278	2.226	2.207	2.226	2.207		
6 个月	4.274	4.229	3.285	3.258	3.285	3.258	3.143	3.119	2.646	2.629		
9 个月	5.224	5.191										
12 个月	5.804	5.804	4.436	4.436	4.091	4.091	3.745	3.745	2.979	2.979		

从表 6-3 中可以发现一个规律：在存款周期为一年以下的储蓄项目中，单利模式的最大违约率λ^*要稍稍大于对应的复利模式的λ^*；相反，在存款周期超过一年的项目中，复利模式的最大违约率λ^*要稍稍大于对应的单利模式的λ^*；而在一年期的储蓄项目中，二者是相等的。这就说明，在相同违约风险水平上，储户的存款策略应该为短期存款应考虑存为单利模式，而长期存款则存为复利模式。

表 6-3 的另外一个结论就是，随着我国法定存款利率的不断降低，无论是单利模式还是复利模式，存款策略模型中的最大违约率λ^*也在不断下降，这也符合了风险-收益最基本的思想，即若想获得较大的收益，就应承担相应的风险，而在

收益率较低的情况下，所承担的风险也应该相应降低。图 6-2 和图 6-3 分别描述了单利和复利两种情况下最大违约率 λ^* 随时间变化的走势图。

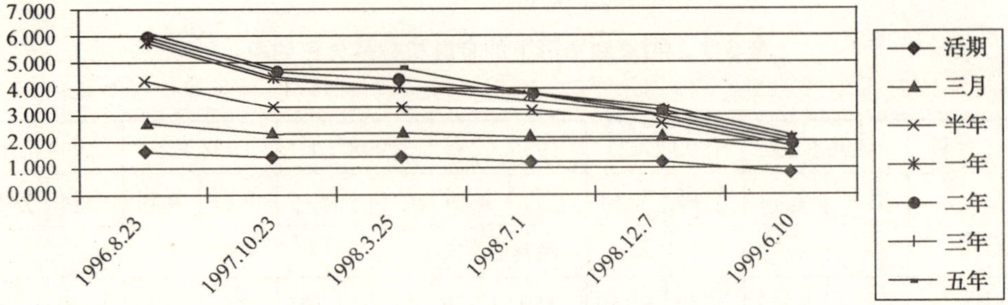

图 6-2 单利情况下最大违约率 λ^* 随时间变化的走势图

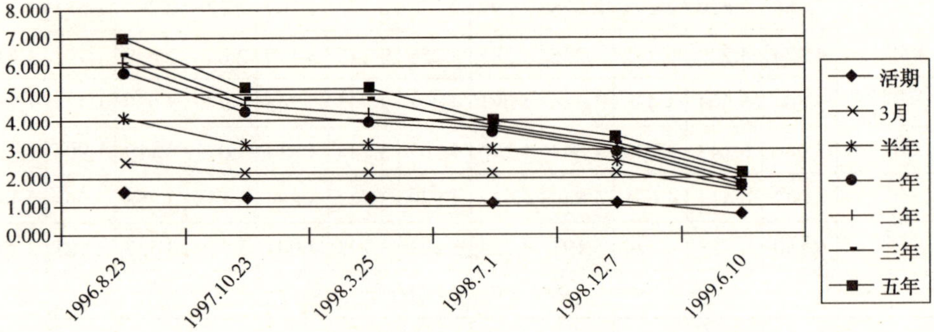

图 6-3 复利情况下最大违约率 λ^* 随时间变化的走势图

6.2 信贷风险 Z-SCORE 评分模型的实证分析

中国康佳集团股份有限公司成立于 1980 年 5 月 21 日，是中国首家中外合资电子企业。1991 年 8 月改组为中外公众股份制公司。1992 年 3 月 27 日，康佳 A、B 股股票同时在深圳证券交易所上市。康佳集团现有总资产 100 多亿元，净资产 40 亿元，是广东省、深圳市首家营业额超百亿的电子企业，连续 4 年位居中国电子百强企业第 4 位。

下面依据康佳集团股份有限公司 2001 财政年度的年度报告，采用 Z-SCORE 评分模型对其进行评估，见表 6-4。

表 6-4 公司近三年主要财务指标[1]

（单位：元）

项 目	2001 年 12 月 31 日	2000 年 12 月 31 日	1999 年 12 月 31 日
净利润	（699,791,454.32）	214,392,305.38	497,527,792.65
扣除非经常性损益后的净利润	（719,894,370.88）	215,154,080.72	502,050,963.47
净资产收益率	（24.18%）	5.98%	14.32%
主营业务收入	6,748,122,042.36	8,953,781,004.78	10,127,098,593.31
总资产	7,211,736,823.48	9,980,417,959.42	9,769,410,621.91
资产负债率	56.26%	61.50%	62.19%
股东权益（不含少数股东权益）	2,893,912,961.21	3,583,066,424.80	3,475,067,642.44
流动资产[2]	5,382,882,876.17	8,318,575,287.66	8,315,579,512.74
总股本[3]	601986352 股	601986352 股	547260300 股
股票价格	8.10	14.97	15.80

注：带括号的数字表示是负值。

根据公式（3-1）阿尔特曼确立的 Z-SCORE 分辨函数，有

$$Z = 0.012X_1 + 0.014X_2 + 0.033X_3 + 0.006X_4 + 0.999X_5$$

从而得出表 6-5 的数据。

表 6-5 公司近三年财务比率及 Z-SCORE 评分表

（单位：%，不包括 X_5, Z）

	2001 年度	2000 年度	1999 年度
X_1=流动资本/总资产	74.64	83.35	85.12
X_2=保留利润/总资产	−9.70	2.15	5.09
X_3=息前、税前收入/总资产	−24.18	5.98	14.32
X_4=股权市值/总资产	67.61	90.29	88.51
X_5=销售收入/总资产	0.9357	0.8971	1.0366
Z-SCORE 得分	1.302	2.666	3.132

[1] 资料来源：康佳集团股份有限公司 2001 年年度报告，中国证监会，http://www.cninfo.com.cn，2001，12.

[2] 资料来源：三个年度的流动资产数据分别为深圳大华天诚会计师事务所的“深华(2002)股审字第 046 号”审计报告和中天勤会计师事务所的“中天勤财审报字(2001)第 B-257 号”审计报告.

[3] 资料来源：总股本及股票价格信息来源于“证券之星”网站的“深康佳 A (000016)”股本结构资料和股票实时行情.

康佳集团股份公司在1999—2000年度的Z-SCORE得分分别为3.132、2.666和1.302，其Z-SCORE得分具有比较明显的逐年下降趋势。根据阿尔特曼确定的借款人违约的临界值$Z_0 = 2.675$，灰色区域（Gray Area）为$1.81 < Z < 2.99$，该公司在1999年和2001年的信用得分很明显地分别划归到不违约组和违约组，2000年的得分则属于灰色区域。

分析这个实证研究的结果，可能是由以下4个原因造成的：第一是利润率X_2、资产收益率X_3大幅下降。在1999年的利润率为5%左右，2000年的利润率只有2%多一点，而2001年则是巨额亏损，利润为负数。试想如果资产非但不能创造收益，而且自身价值还在不断下滑，那么其资金周转状况可想而知，出现违约甚至倒闭都不难理解。第二是市盈率X_4太低。我国股票市场特别是A股市场一个显著的特点就是市盈率居高不下，往往是一只股票的市场价格往往是公司实际资产的300%甚至到500%，然而自从1999年底起康佳集团的市盈率就从来没有超过100%，到2001年底股权市值竟然跌到将近只有实际资产的一半左右。虽然市场价格严重高估资产价值并不是一个正常的现象，但股票市场的价格不仅仅反映上市公司真实的资产状况，更重要的是反映投资者对该上市公司资产价值和经营状况未来走势的期望，因此康佳股票的如此严重超跌也反映了股民对该公司的不信任。第三，分析公式（3-1）的Z-SCORE分辨函数会发现5个变量系数的特征。从X_1到X_4都是百分比率，而X_5是小数，如果将百分比变成小数[1]的话，式（3-1）将变为

$$Z = 1.2X_1 + 1.4X_2 + 3.3X_3 + 0.6X_4 + 0.999X_5 \tag{6-3}$$

由于X_5是倍数，所以其系数不变。从公式（6-3）可以看出，权重最大的是X_3税前、息前的总收入与总资产的比例，由此可以看出Z-SCORE模型对资产盈利能力的看重。而康佳集团在2001年几乎是1/4（24.18%）的巨额亏损直接造成其信用得分的急剧下滑。第四，借款人违约的临界值$Z_0 = 2.675$和式（6-3）中的5个系数是20世纪70年代中期阿尔特曼经过统计分析和计算确定下来的，这些系数值是否适合于21世纪初我国上市企业的现状，还有待于商榷。

6.3 监管风险对策论模型的实证分析

中国的存款性金融机构主要包括银行和非银行存款金融机构。我国当前的银行体系包括四大国有专业银行和一些综合性商业银行。由于历史原因，在银行体系的

---

[1] 举例说明，如果X_4等于67.61%，变成小数就为0.6761，那么原来的系数是0.006，现在的新系数就应该为0.6，即由0.006×67.61变成为0.6×0.6761。

竞争中存在明显的垄断局面。到21世纪初期，四大专业银行的总资产近89 270.37亿元，约占全部金融机构资产的75%，拥有约80%以上的居民储蓄存款。而其他商业银行规模相对较小，在与国有银行的竞争中处于不利地位。在做实证分析时，笔者选择了最具有代表性的四大国有银行“工、农、中、建”和中小银行中的佼佼者——交通银行作为研究对象，表6-6就是这五家银行资产状况的基础数据表。

表6-6 五家国有商业银行的历史资产表[1]

（单位：亿元）

银行名称	1999年	1998年	1997年	1996年
中国工商银行	35398.66	32387.38	29367.84	36295.70
中国农业银行	22758.35	20224.30	15739.47	14669.47
中国银行	9102.71	7437.90	8134.51	6809.55
中国建设银行	22010.65	19236.46	16817.59	15761.88
交通银行	5380.50	4839.23	4497.48	3978.83

表6-7是央行提供的基准利率表，即上缴储备金的利率，具体如下。

表6-7 中央银行基准利率[2]

（单位：年利率%）

项目/日期	1996 05.01	1996 08.23	1997 10.23	1998 03.25	1998 07.01	1998 12.07	1999 06.10
法定准备金	8.82	8.28	7.56	5.22	3.51	3.24	2.07
超额储备	8.82	7.92	7.02				
对金融机构贷款							
一年期	10.98	10.62	9.36	7.92	5.67	5.13	3.78
六个月以内	10.17	10.17	9.09	7.02	5.58	5.04	3.69
三个月以内	10.08	9.72	8.82	6.84	5.49	4.86	3.51
二十天以内	9	9	8.55	6.39	5.22	4.59	3.24
再折现	**	**	**	6.03	4.32	3.96	2.16

注：①1998年3月法定准备金和超额储备两个账户合并为准备金账户。

②**按同档次央行贷款利率下浮5%～10%。

设有效期τ为三个月，且破产概率p_i估计均为5%，由于央行基准利率即瞬时无风险利率一直处于变动中，且目前只有年度的资产数据，无法得到各个商业银

[1] 资料来源：中国金融统计年鉴2000. 国家统计局. 北京：中国统计出版社，2000.

[2] 资料来源：中国人民银行统计季报2000.

行在无风险利率变动时的瞬时资产价值，因此采取以下两种方法来解决这个问题。

（1）加权平均基准利率法。

用加权平均方法获得一个中和的无风险利率 $\overline{\gamma}$，按照表 6-7 的时间序列设定权重 $\varpi=(0.1,0.1,0.1,0.1,0.15,0.2,0.25)^{\mathrm{T}}$，所以有

$$\begin{aligned}\overline{\gamma}&=\gamma\otimes\varpi\\&=(8.82,8.28,7.56,5.22,3.51,3.24,2.07)\otimes(0.1,0.1,0.1,0.1,0.15.0.2.0.25)^{\mathrm{T}}\\&=5.202\end{aligned}\qquad(6\text{-}4)$$

以中国工商银行 1999 年的资产情况为例，根据式（5-13）得出

$$\beta_1^*=\frac{2}{nQ_1}\sum_{i=1}^{n}p_iQ_i+\mathrm{e}^{-r\tau}-1=\frac{2}{5\times 35398.66}\times 94650.87\times 0.05+\mathrm{e}^{-0.05202\times(0.25)}-1=0.0406$$

上式中，有效期 τ 为三个月，是一年的四分之一，所以 τ=0.25。同样，可以得出其他 4 家银行在 1999 年度的最佳上缴比例分别为 0.0703，0.1950，0.0731，0.3389。表 6-8 为 5 家商业银行在不同年份的上缴比例矩阵值。图 6-4 描绘了各个银行上缴比例 β_i^* 随时间变化的函数曲线图。

表 6-8　5 家商业银行 1996－1999 年度（平均利率）的上缴比例 β^*

银行名称/年度	1999 年	1998 年	1997 年	1996 年
中国工商银行	0.0406	0.0390	0.0379	0.0298
中国农业银行	0.0703	0.0703	0.0818	0.0928
中国银行	0.1950	0.2133	0.1704	0.2147
中国建设银行	0.0731	0.0745	0.0757	0.0854
交通银行	0.3389	0.3348	0.3186	0.3767

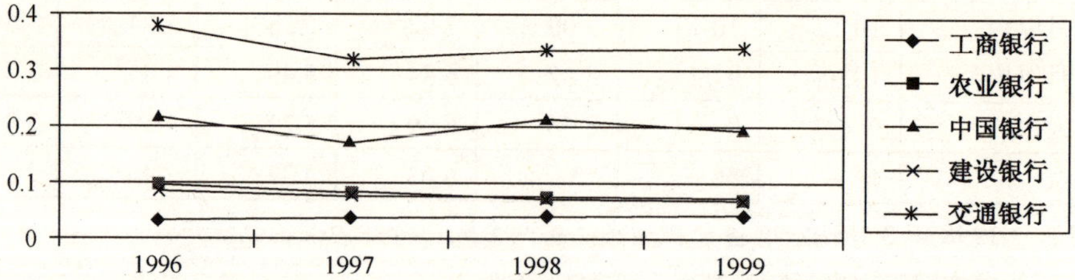

图 6-4　各个银行上缴比例 β^* 随时间变化的函数曲线图（平均利率）

同样，可以根据式（5-15）求出资产比重 ω_i，仍然以中国工商银行 1999 年的情况为例，

$$\omega_i=\frac{E}{2E+nQ_i(\mathrm{e}^{-r\tau}-1)}=\frac{94650.87\times 0.05}{2\times 94650.87\times 0.05+5\times 35398.66\times(\mathrm{e}^{-0.05202\times(0.25)}-1)}$$

=0.6593

表 6-9 为 5 家商业银行在不同年份的资产比重 ω_i 值矩阵。图 6-5 描绘了各个银行资产比重 ω_i 随时间变化的函数曲线图。

表 6-9 5 家商业银行 1996—1999 年度（平均利率）的资产比重 ω_i

银行名称/年度	1999 年	1998 年	1997 年	1996 年
中国工商银行	0.6593	0.6655	0.6707	0.7168
中国农业银行	0.5920	0.5919	0.5790	0.5696
中国银行	0.5331	0.5303	0.5379	0.5301
中国建设银行	0.5884	0.5867	0.5853	0.5756
交通银行	0.5191	0.5193	0.5203	0.5171

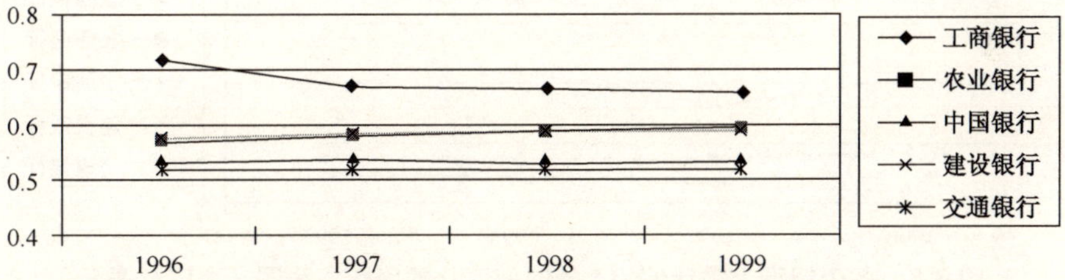

图 6-5 各个银行资产比重 ω_i 随时间变化的函数曲线图（平均利率）

（2）提取瞬时时间点基准利率法。

根据央行提供的基准利率表，提取每年年终即 12 月 31 日当天的基准利率作为式（5-11）中的无风险利率 γ 来计算，根据表 6-7 获得表 6-10 的瞬时时间点基准利率表。

表 6-10 中央银行 1996－1999 年终的基准利率表

（单位：年利率%）

项目/日期	1996.12.31	1997.12.31	1998.12.31	1999.12.31
法定准备金	8.28	7.56	3.24	2.07

仍然以中国工商银行 1999 年的资产情况为例，此时的无风险利率 γ 应该为 2.07%，根据式（5-13）得出

$$\beta_1^* = \frac{2}{nQ_1}\sum_{i=1}^{n} p_i Q_i + e^{-r\tau} - 1 = \frac{2}{5\times 35398.66}\times 94650.87\times 0.05 + e^{-0.0207\times(0.25)} - 1$$

=0.0483

同样，可以得出其他 4 家银行在 1999 年度的最佳上缴比例分别上升为 0.0780，

0.2028，0.0808，0.3467。表 6-11 为五家商业银行在不同年份的上缴比例矩阵值。图 6-6 描绘了各个银行上缴比例 β_i^* 随时间变化的函数曲线图。

表 6-11　五家商业银行 1996—1999 年度（离散利率）的上缴比例 β^*

银行名称/年度	1999 年	1998 年	1997 年	1996 年
中国工商银行	0.0483	0.0439	0.0321	0.0222
中国农业银行	0.0780	0.0751	0.0760	0.0852
中国银行	0.2028	0.2181	0.1646	0.2072
中国建设银行	0.0808	0.0794	0.0699	0.0779
交通银行	0.3467	0.3396	0.3128	0.3692

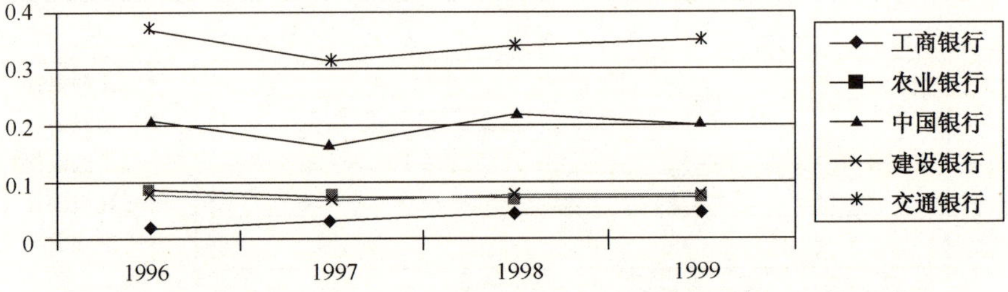

图 6-6　各个银行上缴比例 β^* 随时间变化的函数曲线图（离散利率）

同样，可以根据式（5-15）求出资产比重 ω_i，仍然以中国工商银行 1999 年的情况为例，

$$\omega_i = \frac{E}{2E + nQ_i(\mathrm{e}^{-r\tau} - 1)} = \frac{94650.87 \times 0.05}{2 \times 94650.87 \times 0.05 + 5 \times 35398.66 \times (\mathrm{e}^{-0.0207 \times (0.25)} - 1)}$$

$$=0.5534$$

表 6-12 为 5 家商业银行在不同年份的资产比重 ω_i 值矩阵。图 6-7 描绘了各个银行资产比重 ω_i 随时间变化的函数曲线图。

表 6-12　5 家商业银行 1996—1999 年度（离散利率）的资产比重 ω_i

银行名称/年度	1999 年	1998 年	1997 年	1996 年
中国工商银行	0.5534	0.5919	0.7921	0.9609
中国农业银行	0.5331	0.5537	0.6231	0.6202
中国银行	0.5127	0.5185	0.5569	0.5494
中国建设银行	0.5319	0.5508	0.6338	0.6315
交通银行	0.5074	0.5119	0.5299	0.5277

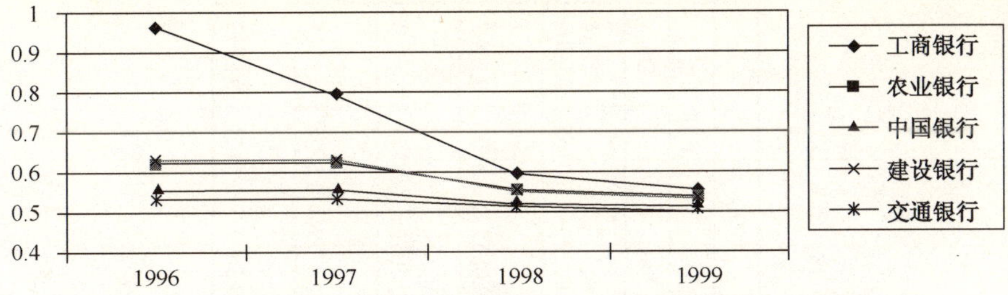

图6-7 各个银行资产比重 ω_i 随时间变化的函数曲线图（离散利率）

通过案例分析可以发现银行监管对策论模型的一些基本特性，我们可以尝试着揭示这些特性所带来的经济意义。将表6-8、表6-9、表6-11和表6-12合并起来，得到表6-13。

表6-13列举了5家银行4年的上缴比例和资产比重的值，根据所使用的利率计算方法的不同，这些值可以分为平均利率和离散利率，由式（6-4）我们可知平均利率 $\overline{\gamma}=0.05202$，而离散利率由表6-10给出。在表6-13中我们可以发现这样的规律：在1998和1999年度，离散利率低于平均利率时，利用离散利率计算出来的上缴比例 β^* 值，尽管各个银行由于资产状况不同而其上缴比例 β^* 不同，但都大于对应的利用平均利率计算出来的上缴比例 β^* 值。而在1996和1997年度，离散利率高于平均利率时，情形恰好相反。同样，在资产比重 ω_i 的数值上，当1996和1997年度离散利率高于平均利率时，利用离散利率计算出来的资产比重 ω_i 都大于对应的利用平均利率计算出来的资产比重 ω_i 的值。反之，在1998和1999年度离散利率低于平均利率时，其计算出来的资产比重 ω_i 小于对应的项目值。图6-8和图6-9分别描述了中国工商银行按照不同利率计算方式得出的上缴比例 β^* 值和资产比重 ω_i 值随时间变化的函数曲线图。

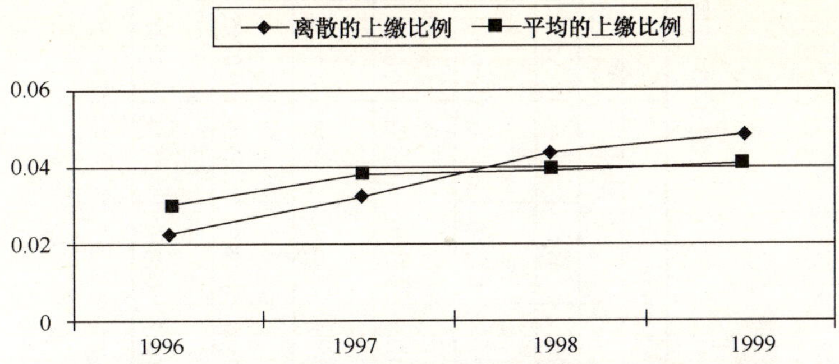

图6-8 中国工商银行上缴比例 β^* 随时间变化函数曲线图

表 6-13 5 家银行 1996—1999 年度的上缴比率 β^* 与资产比重 ω_i 综合一览表

	1999 年				1998 年				1997 年				1996 年			
	上缴比率		资产比重		上缴比率		资产比重		上缴比率		资产比重		上缴比率		资产比重	
	Ave.	Dis.	Ave.	Dis.	Ave.	Dis.	Ave.	Dis.	Ave.	Dis.	Ave.	Dis.	Ave.	Dis.	Ave.	Dis.
工行	0.0406	0.0483	0.6593	0.5534	0.0390	0.0439	0.6655	0.5919	0.0379	0.0321	0.6707	0.7921	0.0298	0.0222	0.7168	0.9609
农行	0.0703	0.0780	0.5920	0.5331	0.0703	0.0751	0.5919	0.5537	0.0818	0.0760	0.5790	0.6231	0.0928	0.0852	0.5696	0.6202
中行	0.1950	0.2028	0.5331	0.5127	0.2133	0.2181	0.5303	0.5185	0.1704	0.1646	0.5379	0.5569	0.2147	0.2072	0.5301	0.5494
建行	0.0731	0.0808	0.5884	0.5319	0.0745	0.0794	0.5867	0.5508	0.0757	0.0699	0.5853	0.6338	0.0854	0.0779	0.5756	0.6315
交行	0.3389	0.3467	0.5191	0.5074	0.3348	0.3396	0.5193	0.5119	0.3186	0.3128	0.5203	0.5299	0.3767	0.3692	0.5171	0.5277

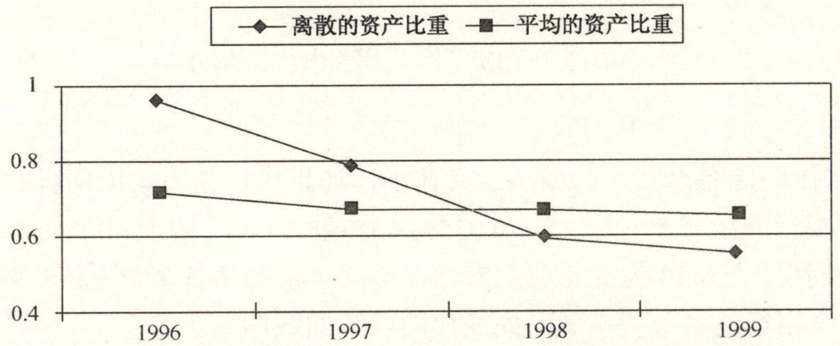

图 6-9 中国工商银行资产比重 ω_i 随时间变化函数曲线图

6.4 监管风险的储备金费率模型的实证分析

仍然采用 6.3 节对策论模型案例中使用的国家统计局颁布的“中国金融统计年鉴 2000”中 5 家商业银行的资产数据（见表 6-6）和央行的基准利率（见表 6-7），设有效期 τ 为三个月，且银行资产 S（或 Q_i）方差估计均为每年 20%，每年无风险利率是采用离散式瞬时基准利率值（表 6-10），因此其储备金费率模型中的申报资产 Q_t 等于对策论模型中的基于离散利率计算出来的申报资产 Q_i'，即 $S/Q_t = Q_i/Q_i' = 1/\omega_i$，仍然以中国工商银行 1999 年的情况为例，$\omega_i = 0.5534$，无风险利率 $\gamma = 0.0207$。

$$d_1 = \frac{\ln(S/Q_t) + (r + \frac{1}{2}\sigma^2)(T-t)}{\sigma\sqrt{(T-t)}}$$

$$= \frac{\ln(1/\omega_i) + (r + \frac{1}{2}\sigma^2)(T-t)}{\sigma\sqrt{(T-t)}}$$

$$= \frac{\ln(1/0.5534) + (0.0207 + \frac{1}{2}\times 0.2)\times 0.25}{\sqrt{0.2}\sqrt{0.25}} = 2.781$$

$$d_2 = d_1 - \sigma\sqrt{(T-t)} = 0.65 - \sqrt{0.2}\sqrt{0.25} = 2.5573$$

将 d_1，d_2 代回到式（5-19），得

$$\lambda^* = N(-d_2)e^{-r(T-t)} - N(-d_1)\frac{S}{Q_t}$$
$$= N(-2.5573)e^{-0.0207(0.25)} - N(-2.781)\frac{1}{0.5534}$$
$$= 0.035\%$$

这里求出的储备金费率的经济意义在于，如果央行作为卖出期权的卖方，则中国工商银行应出资 $P=\lambda^*\cdot S=0.035\%\times 35398.66=12.37$ 亿元来购买这份为期三个月的期权。表 6-14 为 5 家商业银行在不同年份的储备金费率值矩阵。图 6-10 描绘了 4 家银行储备金费率随时间变化的函数曲线图[1]。

表 6-14　5 家商业银行 1996—1999 年度（离散利率）的储备金费率

（单位：%）

银行名称/年度	1999 年	1998 年	1997 年	1996 年
中国工商银行	0.0350	0.0829	1.6119	6.2590
中国农业银行	0.0204	0.0337	0.1365	0.1259
中国银行	0.0114	0.0129	0.0310	0.0249
中国建设银行	0.0198	0.0313	0.1677	0.1569
交通银行	0.0097	0.0106	0.0151	0.0138

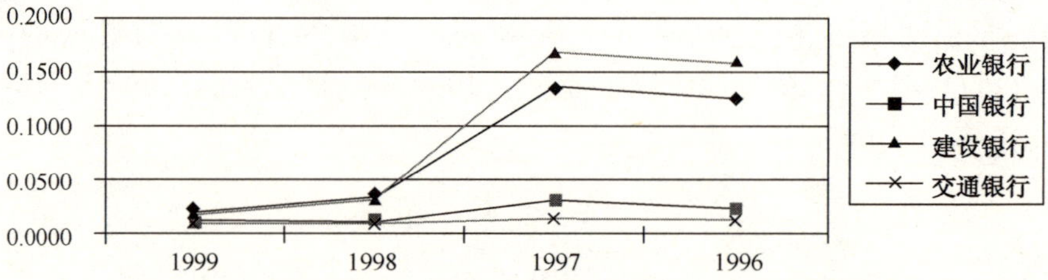

图 6-10　4 家商业银行储备金费率随时间变化的函数曲线图

与第 5 章 5.3 节中算例提出的储备金费率与资产方差线性相关的结论相比，案例分析的结果给我们带来了更加有意义的模型性质的揭示。从表 6-14 和图 6-10 中可以看出，储备金费率与银行的资产规模和无风险利率的大小均呈正相关关系，即在同一年度不同银行中，资产规模大的银行其储备金费率较其他银行要高，而在不同年度的同一银行，基准利率高的年度其储备金费率也相对较其他年度要高。

[1] 工商银行在 1996 和 1997 年度的资产比重 ω_i 较大，因而申报资产 Q_i 比较大，所以其储备金费率相对比较高，均超过 1%，在图形上表现为奇异点，为了方便细致地分析图形结构，没有把这两个奇异点包含在内。

第 7 章　永恒的问题、简短的总结

在经济学理论中，信用是指价值运动的特殊形式，银行信用是其中之一。银行信用风险的直接成因来自两方面：一是借贷主体伦理学意义上的信用的不确定性和客户自身实力保证程度的不确定性，后者包括原有实力由于政策变动、行政干预、市场变化、经营改变、法律制度的执行等因素的不确定性。二是前述因素的不可控性。不确定性因素越多，程度越强，可控性就越差，风险也就越大。就主动性而言，市场环境是外在的、客观的，而行为主体对银行信用的认知、态度、动机、行为方式则是内在的、主观的。信用风险的根源在于它的不确定性。风险控制的任务就在于尽量将不确定因素进行形式分离，并把握其规律性，使其尽可能逐渐成为确定的和可控的。

很多年来，国外许多学者对信用运动中的这种不确定性的度量进行了大量研究，我国学者也逐渐将国外的一些研究成果引进国内，并针对国内的情况做了相对应的研究，但在实际应用的效果上并不能令人十分满意，其中的一个主要原因是将研究的重点都放在信贷风险上，将商业银行的信用风险直接等同于贷款风险，没有对银行主体自身的信用风险进行研究，其唯一的研究对象就是受信的贷款企业的信用状况，而我国以往缺乏国家信用体系，各个贷款企业没有信用历史记录的基础数据，这给引进发达国家的信贷评估工具在我国的实施带来巨大困难。本书从存款性金融机构信用风险的三个构成层面分析入手，为存款风险、信贷风险和监管风险分别构筑其相应的模型，研究其基本性质和基本结论，根据我国银行业的实际数据进行详细的案例分析，取得了一些较有价值的成果。

7.1　本书的研究工作及其贡献

（1）首先明确了存款性金融机构的概念，即有权开展储蓄和贷款业务的商业银行，包括四大国有商业银行、城乡信用合作社、各种政策银行、投资银行、发展银行等，以及中国邮政储蓄业务。然后重新剖析了存款性金融机构信用风险的三个层面，即存款风险、信贷风险和监管风险，并分别定义了这三种风险的内在含义和相互关系。

（2）构造了存款风险的评估模型，给出了储户选择储蓄项目的最佳策略，为储蓄存款项目的确定提出了一个定量管理的模式，提出了一个银行最大违约率的量化公式，这个最大违约率λ^*的意义就在于，它为储户提供了一个理论上的策略指导，即储户了解到某个存款种类的利率（收益率），通过该模型推导出对应的最大违约率λ^*，风险收益的策略就是存款期限内的违约率不能大于这个λ^*，否则得到的收益抵偿不了对应的风险，应该选择其他存款项目或其他银行。该模型产生两个基本结论：一是储户的存款策略，在相同的违约风险水平上，应该考虑将短期存款存为单利模式，而长期存款则存为复利模式；二是随着我国法定存款利率的不断降低，无论是单利模式还是复利模式，存款策略模型中的最大违约率λ^*也在不断下降。

（3）对信贷风险的模型进行了研究。这些信贷风险模型分为古典的和现代的两大类。三种古典的信用风险度量方法，其共同特征是在进行信用分析过程中主要依赖于被评估对象的大量财务比率指标来分析和评估风险暴露及信用等级。研究这些古典风险度量方法的意义在于我国绝大多数银行仍然在使用这类方法来评估贷款风险。现代信用风险量化模型包括 KMV 模型、Credit-Metrics 模型和 Credit Risk$^+$模型三种在欧美发达国家最流行的模型，它们都是在现代数理金融理论的基础上发展起来的，在西方国家具有比较广泛的应用，本书对这三种模型的适用范围和优缺点进行了对比分析。

（4）构造了监管风险的评估模型。通过不完全信息对策论模型和欧式期权定价公式——布莱克・修斯公式两种方法构造了两个用于评价央行监督并担保商业银行的监管风险评估模型，并根据我国银行业的实际情况做了较详细的实证分析，得出一些基本结论。对策论模型得出以下两个结论：一是资产比重ω_i是资产Q_i的减函数，资产Q_i越小的银行其隐瞒资产的倾向也就越严重，小银行具有其内生的逃避投保与监管的特征；二是当离散利率低于平均利率时，利用离散利率计算出来的上缴比例λ^*的值都大于对应的利用平均利率计算出来的上缴比例λ^*的值，而当离散利率高于平均利率时，情形恰好相反。储备金模型得出了储备金费率与银行的资产规模、资产方差和无风险利率的大小均呈现正向相关关系的结论。

7.2 未来的研究方向和展望

（1）存款风险模型中的银行违约率与 KMV 模型中 EDF 的联合研究。在本书

第 2 章的讨论中提到了获知银行破产随机率的两个可行方法（不仅仅只有两个）。其一是 KMV 公司定期会公布的全球企业预期违约概率（EDF）报告，中国加入 WTO 以后，银行业正在逐渐对外开放和进入海外投资市场[1]，我国各个商业银行必将有一天也会进入该公司的信用评估范围。如何将存款风险模型与 KMV 公司公布的瞬时预期违约概率（EDF）相结合，对该模型未来的实践应用具有重大意义，而且在模型投入实践应用后，获得大量评估结果的数据，对模型本身可以做回归检验以不断调整模型中的各个系数，如 ω 和 k 等，通过大量统计和计算，得出适合中国特色的存款风险模型。

（2）对 Z-SCORE 模型和 ZETA 模型的系数进一步研究。在我国目前的条件下，基于财务比率数据的信用风险量化管理模型是最可能尽快实现的风险度量方法，因为这些数据是可以由被评估对象提供或风险分析师主动收集到的，我国目前采用的定性信贷风险分析方法所涉及的主要也是包括资产负债表、现金损益表等这些数据。然而，正如第 3 章案例分析中提到的，Z-SCORE 模型的 5 个系数是 20 世纪 70 年代中期阿尔特曼经过统计分析和计算确定下来的，而 ZETA 模型中七个系数在不同评估机构的应用不同，属于商业秘密无法获知，二者是按照当时美国企业的情况计算得出的。这种情况下，它们是否适合于 21 世纪初我国企业的现状，还是一个未知数，甚至 Z-SCORE 模型中的五个变量和 ZETA 模型中的七个变量是否同样能够反映中国企业的真实信用情况也是一个未知数。虽然现在讲这两个模型还不能直接应用于中国的现实生活，但它们为我们提供了很好的思路，我们同样可以用数理统计的方法来确定我们自己的变量和系数，找到一条适合中国国情的信用评估道路。

（3）对监管风险模型的检验和改进。当前我国各个商业银行的所有存款贷款项目没有其自身的灵活性，借贷利率都是由央行统一制定的，同时各个银行的资产规模、资产标准差、呆账坏账比例都不尽相同，因此各自所承担的风险暴露也不同。通过不完全信息对策论模型和欧式期权定价公式——布莱克·修斯公式两种方法构造了的监管风险评估模型对指导我国央行定量分析商业银行的信用风险具有较强的意义。然而由于一些基础数据的缺乏，如瞬时破产概率、资产方差等，影响了模型结构的准确性、可靠性。如何获取这些关键数据，并保证其可靠、准确，是我国研究人员下一步要着手解决的关键问题。

（4）建立有效的银行内部信用评级系统。由于我国已经加入世贸组织，相应的利率、银行监管等市场化改革进程将大大加快，巴塞尔新协议的提出更是一次更新银行监管理念、监管方式的机遇。从目前来看，我们首先要加强学习发达国

[1] 中国银行于 2002 年 7 月在中国香港上市。

家国际性银行内部评级的方法。其次，应从建立有效的银行内部评级系统的要求出发，重视并做好一些基础性的工作。基础数据库的完善是有效银行内部信用评级系统的根本，不同银行的贷款和面对的客户群特性等方面差别很大，只有把针对自己银行的基础数据的收集整理工作做好，才能在此基础上选择或开发恰当的评级方法，因此必须切实做好增加企业财务透明度，完善基础数据库等一系列实际工作。再次，对于内部评级系统，需要进行持续不断的后评价，以考察其是否能够很好地反映银行客户的信用状况。一个好的后评价指标体系及其切实执行，是完善内部评级系统的关键。现在迫切需要的是加强后评价意识，通过后评价发现问题。最后，内部评级系统是银行信用风险管理的一个手段。在内部评级的理念下，建立新的信用风险管理模式，将内部信用评级落实到银行的授信政策、资产定价、贷后管理、业绩的考核评估等各项业务中，才能最大可能地发挥内部评级系统的作用，并激励内部评级系统的改善。

主要符号表

AE	平均风险暴露（Average Exposure）
BIS	国际清算银行（Bank for International Settlements）
BSM	布莱克-斯科尔斯-默顿模型（Black-Scholes-Merton Model）
CAPM	资本资产定价模型（Capital Asset Pricing Model）
CLNs	信用联系型票据（Credit-linked Notes）
CLOs	以放款作抵押的证券（Collateralized Lending Obligations）
CR	信用风险（Credit Risk）
CYC	现行收益率曲线（Current Yield Curve）
DFIs	存款性金融机构（Deposit Financial Institutions）
DM	违约模式或违约模型（Default Mode or Model）
EBITDA	未计算利息、税项、折旧及摊销之收入（Earnings Before Interest, Taxes, Depreciation and Amortization）
EDF	预期的违约频率（Expected Default Frequency）
EVA	经济附加值（Economic Value Added）
FIs	金融机构（Financial Institutions）
FV	未来值（Future Value）
FX	外汇（Foreign Exchange）
IDR	默认的债务评级（Implied Debenture Rating）
LAS	贷款分析体系（Loan Analysis System）
LEE	贷款预期风险暴露（Loan Equivalent Exposure）
LGD	既定违约率下的损失（Loss Given Default）
IBOR	同业银行拆放利率（Interbank Offered Rate）
LEDAS	审贷决策分析系统（Loan Examination Decision Analysis System）
MD	修正的持续期间（Modified Duration）
MPT	现代资产组合理论（Modern Portfolio Theory）
MRC	边际风险贡献（Marginal Risk Contribution）
MTM	盯市（随行就市）模型（Mark-to-Market Model）
NPV	净现值（Net Present Value）

OBS	资产负债表表外（资产、负债或项目）（Off-balance-sheet）
OPM	期权定价模型（Option-pricing Model）
RAROC	风险调整后收益对资本的比率（Risk-adjusted Return on Capital）
RORAC	收益对风险调整后资本的比率（Return on Risk-adjusted Capital）
RBC	基于风险的资本（Risk-based Capital）
RN	风险中性（Risk-neutral）
ROA	资产收益率（Return on Assets）
ROE	股本收益率（Return on Equity）
VaR	风险价值或受险价值（Value at Risk）
WACC	加权平均的资本成本（Weighted-average Cost of Capital）
WARR	加权平均的风险比率（Weighted-average Risk Ratio）
ZYC	零收益率曲线（Zero Yield Curve）

附录A 审贷决策分析系统的模型数据源

表 A-1 数据表名称的编码表

B	3	企业资产负债表	0	0
B	4	企业损益表	0	0
B	5	企业集团（公司）本部基本经营情况	0	0
B	6	贷款检查情况	0	0
B	7	项目贷款执行情况	0	0
B	8	项目竣工情况	0	0
B	9	企业在工行贷款情况总账	0	0
B	12	项目基本情况表	0	0
C	1	申请情况表	0	0
C	2	审批情况表	0	0
C	3	发放情况表	0	0
C	0	地区统计指标表	0	0
C	6	新增贷款情况统计表（按贷款形态分类）	0	0
C	7	新增贷款情况统计表（按贷款 5 级分类）	0	0
C	4	贷款规模计划统计表	3	0
A	1	企业基本信息	0	1
A	2	企业高层领导人情况	0	1
A	3	贷款申请书	0	1
A	4	项目基本情况	0	1
A	5	审批结果	0	1
A	0	企业基本情况表	0	1
A	6	贷后监测情况表	0	1
A	7	项目监测情况表	0	1
A	5	新增贷款情况统计表	0	0
A	0	企业经营指标情况表	0	0
A	1	贷款审批情况	0	0
A	2	企业基本经营情况	0	0

表 A-2 分析模型涉及的经济指标类项目编码表

10	B	9	11	自营贷款余额
11	B	9	12	其中，流动资金贷款余额
12	B	9	13	固定资产贷款余额
4	B	9	5	其中，复息
5	B	9	6	贷款余额
16	B	9	17	固定资产贷款余额
17	B	9	18	房地产贷款余额
13	B	9	14	房地产贷款余额
8	B	9	9	固定资产贷款余额
9	B	9	10	房地产贷款余额
33	B	9	48	流动资金短期借款
34	B	9	49	流动资金中期借款
35	B	9	50	中长期项目借款
14	B	9	15	委托贷款余额
15	B	5	16	其中，流动资金贷款余额
32	B	5	46	应收未收利息
28	B	5	42	销售收入
29	B	5	43	利润总额
27	B	5	41	销售利润率
36	B	5	51	流动资金短期借款（工商银行）
31	B	5	45	正常贷款
17	B	5	31	其中，长期应付款
18	B	5	32	3、所有者权益
19	B	5	33	其中，实收资本
30	B	5	44	银行存款
21	B	5	35	资产负债率
38	B	5	53	逾期未还借款（工商银行）
39	B	5	54	拖欠银行利息（工商银行）
40	B	5	55	已抵押财产
20	B	5	34	未分配利润
24	B	5	38	应收账款周转率
23	B	5	37	速动比率
25	B	5	39	存货周转率

续表

26	B	5	40	货款归还率
22	B	5	36	流动比率
51	B	5	66	逾期未还借款
52	B	5	67	拖欠银行利息
53	B	5	68	其中，对子公司担保
1	B	5	1	贷款金额
50	B	5	65	银行存款（他行）
49	B	5	58	银行存款（工行）
43	B	5	59	流动资金短期借款（他行小计）
44	B	5	57	流动资金中期借款（他行小计）
42	B	5	57	拖欠银行利息（他行）
48	B	5	63	流动资金借款（工行）
37	B	5	52	流动资金中期借款（工商银行）
41	B	5	56	提供债务保证
46	B	5	60	中长期项目借款（他行小计）
47	B	5	62	逾期未还借款（他行）
14	B	5	28	应付账款
15	B	5	29	未交税金
16	B	5	30	2、长期负债
12	B	5	26	1、流动负债
13	B	5	27	短期借款
109	B	9	110	其中，信用证
104	B	9	105	再折现余额
105	B	9	106	保证金余额
106	B	9	107	其中，承兑
107	B	9	108	其中，保函（国内）
1	B	3	1	货币资金
4	B	3	4	应收账款
2	B	3	2	短期收款
5	B	3	5	减：坏账准备
6	B	3	6	应收账款净额
7	B	3	7	预付账款
8	B	3	8	其他应收款

续表

9	B	3	9	存货
10	B	3	10	其中，原材料
11	B	3	11	产成品
12	B	3	12	分期收款发出商品
13	B	3	13	待摊费用
14	B	3	14	其中，期初进项税款
15	B	3	15	在建开发产品
16	B	3	16	待处理流动资产净损失
17	B	3	17	一年内到期的长期债券
18	B	3	18	其分流动资产
19	B	3	19	流动资产合计
20	B	3	20	长期投资
21	B	3	21	固定资产原价
22	B	3	22	减，累计折旧
3	B	3	3	应收票据
108	B	9	109	其中，保函（国际）
103	B	9	104	转贷款余额
99	B	9	100	保函垫付余额
100	B	9	101	其中，逾期余额
101	B	9	102	其中，呆滞余额
96	B	9	97	其中，呆滞余额
97	B	9	98	其中，呆账余额
102	B	9	103	其中，呆账余额
94	B	9	95	对外保证垫付余额
95	B	9	96	其中，逾期余额
98	B	9	99	保函余额
89	B	9	90	承兑垫付余额
90	B	9	91	其中，逾期余额
91	B	9	92	其中，呆滞余额
92	B	9	93	其中，呆滞余额
93	B	9	94	对外保证余额
84	B	9	85	其中，逾期余额
85	B	9	86	其中，呆滞余额

续表

86	B	9	87	其中，呆账余额
87	B	9	88	本息累计承兑额
88	B	9	89	承兑余额
79	B	9	80	其中，流动资金贷款余额
80	B	9	81	固定资产贷款余额
81	B	9	82	房地产贷款余额
82	B	9	83	本年累计折现额
77	B	9	78	房地产贷款余额
83	B	9	84	折现贷款余额
74	B	9	75	可疑（5 级分类）贷款余额
76	B	9	76	其中，流动资金贷款余额
72	B	9	77	固定资产贷款余额
78	B	9	79	固定资产贷款余额
69	B	9	70	损失（5 级分类）贷款余额
70	B	9	71	房地产贷款余额
71	B	9	72	次级：流动资金贷款余额
73	B	9	74	其中，流动资金贷款余额
64	B	9	65	房地产贷款余额
65	B	9	66	固定资产贷款余额
66	B	9	67	房地产贷款余额
67	B	9	68	关注（5 级分类）贷款余额
68	B	9	69	其中，流动资金贷款余额
59	B	9	60	固定资产贷款余额
60	B	9	61	固定资产贷款余额
61	B	9	62	房地产
62	B	9	63	正常（5 级分类）贷款余额
63	B	9	64	其中，流动资金贷款余额
54	B	9	55	贷款累放额
55	B	9	56	其中，流动资金
56	B	9	57	固定资产
57	B	9	58	房地产
49	B	9	50	房地产贷款余额
50	B	9	51	质押贷款余额

续表

51	B	9	52	其中，流动资金贷款余额
52	B	9	53	固定资产贷款余额
58	B	9	59	贷款累收额
53	B		54	房地产贷款余额
44	B	9	45	固定资产贷款余额
45	B	9	46	房地产贷款余额
46	B	9	47	抵押贷款余额
47	B	9	48	其中，流动资金贷款余额
48	B	9	49	固定资产贷款余额
39	B	9	40	其中，流动资金贷款余额
40	B	9	41	固定资产贷款余额
41	B	9	42	房地产贷款余额
42	B	9	43	保证贷款余额
37	B	9	38	房地产贷款余额
43	B	9	44	其中，流动资金贷款余额
34	B	9	35	呆账贷款余额
35	B	9	36	其中，流动资金贷款余额
36	B	9	37	固定资产贷款余额
38	B	9	39	信用贷款余额
29	B	9	30	房地产贷款余额
30	B	9	31	呆滞贷款余额
31	B	9	32	其中，流动资金贷款余额
32	B	9	33	固定资产贷款余额
33	B	9	34	固定资产贷款余额
2	B	2	2	流动资产
3	B	2	3	应收账款
4	B	2	4	存货
5	B	2	5	其中，产成品
1	B	2	1	资产总额
7	B	2	7	固定资产原值
8	B	2	8	固定资产净值
9	B	2	9	在建工程
10	B	2	10	银行借款

续表

6	B	2	6	长期投资
12	B	2	26	1、流动负债
13	B	2	27	短期借款
14	B	2	28	应付账款
15	B	2	29	未交税金
11	B	2	25	负债及所有者权益
17	B	2	31	其中，长期应付款
18	B	2	32	3、所有者权益
19	B	2	33	其中：实收资本
20	B	2	34	未分配利润
16	B	2	30	2、长期负债
7	B	5	7	固定资产净值
8	B	5	8	固定资产净值
9	B	5	9	在建工程
10	B	5	10	银行借款
11	B	5	25	负债及所有者权益
2	B	5	2	流动资产
3	B	5	3	应收账款
4	B	5	4	存货
5	B	5	5	其中：产成品
6	B	5	6	长期投资
9	B	12	9	银行贷款合计
10	B	12	10	其他资金
12	B	12	12	申请工行贷款额：其中，人民币（小写）
13	B	12	13	申请工行贷款额：其中，外汇（小写）
1	B	12	1	资产总额
4	B	12	4	（其中，固定资产）其中，外汇
5	B	12	5	（项目总投资）其中，流动资产
6	B	12	6	（其中，流动资产）其中，外汇
7	B	12	7	资金来源：其中，资本金（企业自筹）
8	B	12	8	资金来源：其中，外汇
54	B	12	69	现金流出
50	B	12	65	银行存款（他行）

续表

1	B	12	1	项目总投资
2	B	12	2	（项目总投资）其中，外汇
3	B	12	3	（项目总投资）其中，固定资产
4	B	7	4	实际自筹资金
55	B	2	70	净现金流量
51	B	2	66	逾期未还借款
52	B	2	67	拖欠银行利息
53	B	2	68	现金流入
9	B	7	9	计划其他资金来源
5	B	7	5	计划工行贷款
1	B	7	1	计划项目总投资
2	B	7	2	实际项目总投资
3	B	7	3	计划自筹资金
2	B	7	2	贷款审批金额
10	B	7	10	实际资金来源
6	B	7	6	实际工行贷款
7	B	7	7	计划其他贷款
8	B	7	8	实际其他行贷款
49	B	2	64	银行存款（工行）
46	B	2	61	中长期项目借款（他行小计）
1	C	1	1	贷款申请笔数
2	C	1	2	贷款申请笔额
1	C	2	1	贷款申批笔数
3	B	6	3	正常贷款余额
4	B	6	4	欠息余额
2	B	6	2	贷款余额
47	B	2	62	逾期未还借款（他行）
48	B	2	63	流动资金借款（工行）
30	B	2	44	银行存款
26	B	2	40	贷款归行率
1	B	1	1	申请金额
2	B	1	2	审批金额
20	B	8	20	当年产销率

续表

21	B	8	21	利润总额
35	B	2	50	中长期项目借款
31	B	2	45	正常贷款
27	B	2	41	销售利润率
28	B	2	42	销售收入
29	B	2	43	利润总额
40	B	2	55	已抵押财产
36	B	2	51	流动资金短期借款（工商银行）
32	B	2	46	应收未收利息
33	B	2	48	流动资金中期借款
38	B	2	53	逾期未还借款（工商银行）
34	B	2	49	流动资金中期借款
45	B	2	60	中长期项目借款（工商银行）
41	B	2	56	提供债务保证
37	B	2	52	流动资金中期借款（工商银行）
2	B	9	3	其中，表内
42	B	2	57	拖欠银行利息（他行）
43	B	2	58	流动资金短期借款（他行小计）
39	B	2	54	拖欠银行利息（工商银行）
1	B	9	2	欠息余额
4	C	7	4	可疑贷款
44	B	2	59	流动资金短期借款（工商银行）
4	C	5	4	本年应收利息
1	C	6	1	正常贷款
3	C	7	3	次级贷款
5	C	7	5	损失贷款
2	C	7	2	关注贷款
3	C	6	3	呆滞贷款
5	C	5	5	本年应收利息
2	C	6	2	逾期贷款
4	C	6	4	呆账贷款
6	C	5	6	欠息余额
2	C	5	2	本年发放金额

续表

3	C	5	3	本年收回金额
1	C	4	1	贷款规模计划
26	B	3	26	待处理固定资产净损失
1	C	3	1	贷款发放笔数
2	C	3	2	贷款发放金额
66	B	3	66	其中，住房周转金
24	B	3	24	固定资产清理
1	B	4	1	工业总产值（90年不变价）
1	C	7	1	正常贷款
42	B	3	42	其他未交款
43	B	3	43	预提费用
44	B	3	44	待扣税金
23	B	3	23	固定资产净值
1	C	5	1	贷款余额
47	B	3	47	流动负债合计
27	B	3	27	固定资产合计
28	B	3	28	无形资产
29	B	3	29	递延资产
30	B	3	30	无形及递延资产合计
25	B	3	25	在建工程
31	B	3	31	其他长期资产
32	B	3	32	资产总计
33	B	3	33	短期借款
34	B	3	34	应付票据
35	B	3	35	应付账款
36	B	3	36	预收账款
37	B	3	37	其他应付款
60	B	3	60	贡债及所有者权益总计
61	B	3	61	或有负债
45	B	3	45	一年内到期的长期负
48	B	3	48	负长期借款
46	B	3	46	其他流动负债
2	B	4	2	工业总产值（现行价）

续表

49	B	3	49	应付债券
50	B	3	50	长期应付款
51	B	3	51	其他长期负债
52	B	3	52	长期负债合计
53	B	3	53	负债合计
54	B	3	54	实收资本
55	B	3	55	资本化积
56	B	3	56	盈余公积
57	B	3	57	其中，公益金
58	B	3	58	未分配利润
59	B	3	59	所有者权益合计
28	B	3	29	固定资产贷款余额
65	B	3	65	递延出租收入
4	B	4	4	销售产值
5	B	4	5	主营业务收入
6	B	4	6	减：主营业务折各与折让
7	B	4	7	主营业务收入净额
8	B	4	8	减：主营业务成本
19	B	8	19	当年达产率
3	B	4	3	其中，新品产值（现行价）
9	B	4	9	经营费用
10	B	4	10	主营业务税金及附加
11	B	4	11	产（商）品销售利润
69	B	3	69	输入此记录人员标志
38	B	3	38	应付工资
39	B	3	39	应付福利费
40	B	3	40	未交税金
12	B	4	12	加：代购销收入
67	B	3	67	递延税款贷项
13	B	4	13	主营业务利润
14	B	3	14	加：其他业务利润
41	B	4	41	未付利润
17	B	4	17	其中：利息费用

续表

18	B	4	18	汇兑损失（收益以一号表示）
19	B	4	19	营业利润
23	B	9	24	其中，流动资金贷款余额
26	B	9	27	逾期贷款余额
21	B	4	21	营业外收入
22	B	4	22	减：营业外支出
23	B	4	23	加：以前年度损益调整
24	B	4	24	利润总额（亏损以-号表示）
25	B	4	25	减：所得税
26	B	4	26	净利润（亏损以-号表示）
62	B	3	62	或人资产
63	B	3	63	固定资产购建支出
64	B	3	64	递延税款借项
3	B	8	3	本期应归还
68	B	3	68	输入完成标志
15	B	4	15	减：管理费用
16	B	4	16	财务费用
4	B	8	4	本期实际归还
1	B	8	1	计划工行贷款
2	B	8	2	实际工行贷款
27	B	9	28	其中，流动资金贷款余额
20	B	4	20	加：投资收益（损失以-号表示）
21	B	2	35	资产负债率
24	B	9	25	固定资产贷款余额
25	B	9	26	房地产贷款余额
24	B	2	38	应收账款周转率
25	B	2	39	存货周转率
5	B	8	5	累计应归还
6	B	8	6	累计实际归还
17	B	8	17	报告期折旧
23	B	2	37	速动比率
18	B	8	18	当年累计折旧
7	B	8	7	本期应收款收利息

续表

22	B	2	36	流动比率
14	B	8	14	当年累计实现税金
15	B	8	15	报告期创（节）汇
21	B	9	22	房地产贷款余额
22	B	9	23	正常贷款余额
16	B	8	16	当年累计创（节）汇
18	B	9	19	特定贷款余额
8	B	8	8	累计应收未收利息
9	B	8	9	报告期实际产量
10	B	8	10	报告期实际销售量
11	B	8	11	销售收入
12	B	8	12	当年累计实际销售量
13	B	8	13	报告期实现税金
19	B	9	20	其中，流动资金贷款余额
20	B	9	21	固定资产贷款余额
6	B	9	7	短期流动资金贷款余额
7	B	9	8	中长期流动资金贷款余额
3	B	9	4	表外资产

附录 B　VaR 概念及基本模型概述

一、VaR 概述

（一）VaR 定义

所谓 VaR（Value at Risk），按字面意思解释就是“受险价值”，它是在市场正常波动情形下对证券组合可能损失的一种统计测度。

VaR 定义：VaR 是未来一定时期内，在给定的置信度下有价证券（或资产）组合的最大可能损失[8,9]。用数学公式表示为

$$\text{prob}(\Delta P > \text{VaR}) = c \quad \text{(B-1)}$$

其中，ΔP 代表证券组合在持有期 Δt 内的收益；c 为置信度。

以 JP.Morgan 公司为例[1]，其 1994 年置信度为 95%的日 VaR 值为−960 万美元，根据 VaR 的定义，其含义是指，该公司可以以 95%的可能性保证，1994 年每一特定时点上的证券组合在未来 24 小时内，由于市场价格变动带来的损失不会超过 960 万美元。

在证券组合价值变化的统计分布图（直方图）中，根据 VaR 的定义可以很直观地找到与置信度相对应的分位数，即 VaR 值。以 JP.Morgan 公司 1994 年（254 个交易日）的日损益为例，如果损益分布为独立同分布，可将日损益按大小进行排序，计算出每个损益发生的频数，从而可以得到年日损益的直方图（见图 B-1）。如果选取的置信度为 95%，由于观测数据为 254 个，则 95%的置信度下的组合价值的最大损失为左尾的第 12.7（254×5%）个观测值。图中左尾的第 11 个观测值为−1000 万美元（损失为 1000 美元），第 15 个是−900 万美元（损失为 900 万美元）。使用插值的方法可以得到左尾的第 12.7 个观测值为−960 万美元，即对应 5%的最大损失为 960 万美元，这就是 95%置信度下的 VaR 值。

---

1 Philip Best.. Implementing Value at risk. Chichester: J. Wiley & Sons, c1998,108-112.

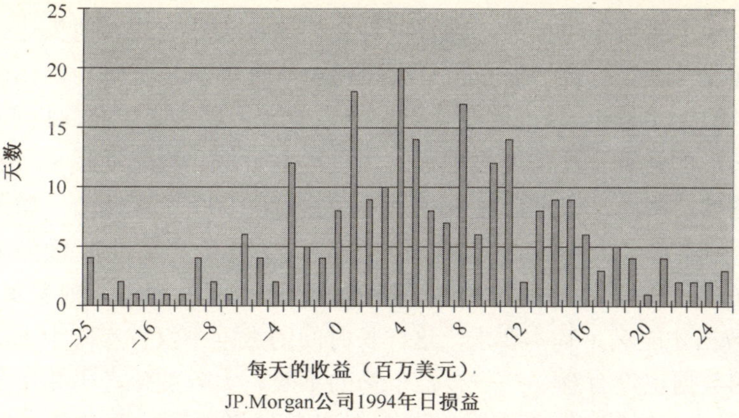

图 B-1　JP.Morgan 公司 1994 年日损益直方图

（二）VaR 的参数选择

在 VaR 的定义中有两个重要的参数——持有期和置信度。任何 VaR 只有在给定这两个参数的情况下才有意义。对这两个参数的不同选择会导致 VaR 值的不同，由于参数选择具有一定的主观性，因此如何最好地确定这两个参数十分重要。

1．持有期的选择

持有期是计算 VaR 的时间范围。由于波动性与时间长度正相关，所以 VaR 随着持有期的增加而增加。通常的持有期是一天或一个月，但某些金融机构也选取更长的持有期，如一个季度或一年。在 1997 年底生效的巴塞尔委员会的资本充足性条款中，持有期为两个星期（10 个交易日）。一般来讲，金融机构使用的最短持有期是一天，但理论上可以使用小于一天的持有期。选择持有期时往往需要考虑 4 种因素：流动性、正态性、头寸调整和数据约束。

（1）流动性是影响持有期选择的第一个因素。在不考虑其他因素的情况下，理想的持有期选择是由市场流动性决定的。如果交易头寸可以快速流动，则可以选择较短的持有期；但如果流动性较差，由于交易时寻找交易对手的时间较长，则选择较长的持有期更加合适。实际中，金融机构大多在多个市场上持有头寸，而在不同市场上达成交易的时间差别很大，从而金融机构很难选择一个能最好地反映交易时间的持有期。因此，金融机构通常根据其组合中比重最大的头寸的流动性来选择持有期。

（2）在计算 VaR 时，往往假定回报的正态分布性。实证研究表明，时间跨度越短，实际回报分布越接近正态分布。因此，选择较短的持有期更适用于正态分布的假设。

（3）在实际金融交易中，投资管理者会根据市场状况不断调整其头寸或组合。

如果一种头寸不断地发生损失，则管理者会把这种头寸变为其他头寸。持有期越长，投资管理者改变组合中头寸的可能性越大。而在 VaR 计算中，往往假定在持有期下组合的头寸是相同的，因此持有期越短就越容易满足组合保持不变的假定。

（4）VaR 的计算往往需要大规模的历史样本数据，持有期越长，所需的历史时间跨度越长。例如，假定计算 VaR 所需数据为 1000 个观测值，如果选择持有期为一天，则需要至少 4 年的样本数据（每年约 250 个交易日）；而如果选择持有期为一周（或一个月），则历史样本采用的是周（或月）数据，则需要 20 年（或 80 年）的数据才能满足基本要求。这样长时间的数据不仅在实际中无法得到，且时间过早的数据也没有意义——金融市场的不断、大幅变化，十几年前的市场与现在的市场相比截然不同。因此，VaR 计算的数据样本量要求表明，持有期越短，得到大量样本数据的可能性越大。

可见上述四个因素中，后三个因素都建议采用较短的持有期。

2．置信度的选择

置信度的选择依赖于对 VaR 验证的需要、内部风险资本的需求、监管要求及在不同机构之间进行比较的需要。

（1）如果非常关心实际计算结果的有效性，则置信度不应选得过高。置信度越高，实际中损失超过 VaR 的可能性就越小，这种额外损失的数目越少，为了验证 VaR 预测结果所需的数据就越多。因此，如果实际中无法得到大量数据就不应选择过高的置信度水平。

（2）当考虑内部资本需求时，置信度的选择依赖于金融机构对极值事件风险的厌恶程度。风险厌恶程度越高，就越需准备更加充足的风险资本来补偿额外损失。因此，用 VaR 模型确定内部风险资本时，安全性追求越高，置信度选择的也越高。置信度反映了金融机构维持机构安全性的愿望和抵消设置风险资本对银行利润不利影响之间的均衡。

（3）金融监管当局为保持金融系统的稳定性会要求金融机构设置较高的置信度。巴塞尔委员会 1997 年年底生效的资本充足性条款中要求的置信度为 99%。

综上所述，不同置信度适用于不同的目的：当考虑 VaR 的有效性时，需要选择较低的置信度；而内部风险资本需求和外部监管要求则需要选择较高的置信度；此外，对于统计和比较的目的需要选择中等或较高的置信度。

（三）VaR 方法的优点及应用

VaR 方法有许多优点：首先，它可以用来测量不同市场因子、不同金融工具构成的复杂证券组合和不同业务部门的总体市场风险；其次，由于 VaR 方法提供了一个统一的方法来测量风险，因此为高层管理者比较不同业务部门的风险大小，基于风险调整的绩效评估、资本配置、风险限额设置等，提供了一个简单可行的方法；最后，VaR 方法概念简单、理解容易，它给出了一定置信度下、给定时间内证券组合的最大损失，比较适合于股东、外界沟通其风险状况，同时也方便监管部门更好地进行风险监管。

由于 VaR 方法的众多优点，近十年来它获得了广泛的应用，范围涉及证券公司、投资银行、商业银行、养老基金及非金融企业等。1994 年 G-30 小组的报告发表之后，43%的衍生品交易商声明他们正在使用 VaR 方法测量其市场风险，3%的交易商表示在 1995 年年底前将要使用 VaR 方法；1995 年 Wharton 商学院的一项调查表明，被调查的美国非金融企业中，使用 VaR 方法评估其衍生交易风险的占 29%；Institute Investor 杂志 1995 年的调查指出，32%的被调查企业使用了 VaR；而纽约大学同期的调查指出，60%的被调查养老基金使用了 VaR 方法。随着时间的推移，这一比率逐年上升，目前 VaR 方法的应用已不仅仅局限于金融市场风险的测量方面，在信用风险、流动性风险和操作风险方面也逐步得到应用[1]。

除了在风险测量方面获得广泛的应用外，VaR 方法在风险管理中也有非常广泛的用途。例如，在绩效评估中引入 VaR 方法，综合考虑收益和风险，采用经过风险测量调整后的回报测量（即 RAPMs），改变了传统的只是简单基于收益的绩效评估，从而避免了过度投机行为的出现。用“风险调整的资本回报”指标 RAROC[2] 取代资本回报指标 ROC（return of capital），RAROC=ROC/VaR。显然，如果从事高风险投资项目而使 VaR 值很高，则即使其利润再高，其业绩评价也不会很高。

VaR 方法在风险测量和管理中的巨大优点也已为国际金融监管当局认可和接受，许多金融监管法案和原则都充分强调了基于 VaR 的风险监管方法。典型的包括巴塞尔委员会的巴塞尔银行业有效监管核心原则、欧盟的资本充足度法令、美国联邦储备委员会的事前承诺法、美国财务会计标准委员会（FASB）制定的 FAS119 号准则、美国证券和交易委员会（SEC）的衍生品市场风险披露要求等。这些法案、准则要求金融机构基于 VaR 方法确定内部风险资本需求、内部风险控制、信息披露等。例如，巴塞尔内部模型法确定金融机构某一天（第 t 天）市场风险资本充足性的方法是，在前一天的 VaR 值和前 60 天的平均 VaR 值乘个系数之间取一个最大值，即第 t 日市场风险的资本充足性要求 MRC_t 为

$$\mathrm{MRC}_t = \max[k \times \frac{1}{60}\sum_{i=1}^{60} \mathrm{VaR}_{t-i}, \mathrm{VaR}_{t-1}] \tag{B-2}$$

式中，k 为监管部门规定的一个谨慎性乘数。

---

[1] Anthony Saunders. Credit risk measurement, New York: Wiley, c1999,52-60.

[2] 风险调整后收益对资本的比率（risk-adjusted return on capital）.

二、VaR 基本模型研究

从统计的角度来看，到目前为止度量 VaR 模型总体上可以分成两大类：参数模型与非参数模型。参数模型通过假定证券组合的收益率服从一定的分布来估计 VaR，如正态分布模型、JP.Morgan 的 Risk Metrics 和 Hull 的多个分布的混合、GARCH 等；非参数模型则不需对证券组合的收益率的分布作任何假定，它通过对已有历史数据的分析、模拟来估计 VaR 值，如历史模拟法（Historical Simulation）、蒙特卡罗模拟法（Monte-Carlo Simulation）等。在此我们仅仅简要列举这些模型的 VaR 计算公式，具体推导和证明过程从略。

引论：考虑一个资产（证券）组合，假定资产（证券）组合的初始价值为 P_0。

定义：投资回报率（R）=收益（ΔP）/初始投资（P_0）。资产（证券）组合的期望收益为 $\overline{\Delta P}$，期望投资回报率为 μ，如果在某一置信度 c 下可能出现最大损失时的投资回报率和收益分别为 $R^*,\Delta P^*$，则根据 VaR 的定义可以定义相对均值 VaR（VaR_R），它是以资产（证券）组合的绝对损益与投资收益的均值之差为基础计算而得到的。

$$\text{VaR（相对）} = -\Delta P^* + \overline{\Delta P} = -R^* P_0 + \mu P_0 \tag{B-3}$$

如果不以组合收益的均值为基准，而以绝对损益为基础计算则可定义绝对 VaR（VaR_A）为：

$$\text{VaR（绝对）} = -\Delta P^* = -R^* P_0 \tag{B-4}$$

根据上述定义，计算 VaR 就相当于计算资产（证券）组合的最小价值 $P^* = P_0(1+R^*)$ 或最小回报率 R^*。考虑资产（证券）组合未来日回报行为的随机过程，假定其未来回报率的概率密度函数为 $f(r)$，则对于某一置信度 c 下的资产（证券）组合价值最小值 P^* 和最小的回报率 R^* 有

$$c = \int_{R^*}^{\infty} f(r)\mathrm{d}r \tag{B-5}$$

或

$$1-c = \int_{-\infty}^{R^*} f(r)\mathrm{d}r \tag{B-6}$$

无论分布是离散的还是连续的，厚尾的还是瘦尾的，这种表示方式对于任何分布都是有效的。

（一）正态分布模型

假定参数 μ 和 σ 是在一天的时间间隔上计算出来的，则时间间隔 Δt 的相对 VaR 为

$$\mathrm{VaR_R}=-P_0(R^*-\mu)=-P_0(-\alpha\sigma\sqrt{\Delta t}+\mu-\mu)=P_0\alpha\sigma\sqrt{\Delta t} \tag{B-7}$$

类似地，对于绝对 VaR 有如下形式：

$$\mathrm{VaR_A}=-P_0R^*=P_0(\alpha\sigma\sqrt{\Delta t}-\mu\Delta t) \tag{B-8}$$

在通常情况下，可以直接以收益率来衡量 VaR 值，此时的 VaR 为

$$\mathrm{VaR}=\mu-\alpha\sigma \tag{B-9}$$

（二）t-分布模型

对于 t-分布，VaR 的表达式为

$$\mathrm{VaR}=\mu+\gamma F_n^{-1}(\alpha) \tag{B-10}$$

式中，$F_n^{-1}(\cdot)$ 是标准 t-分布的分布函数的反函数，α 是相应的左尾概率，也即置信度。

（三）GARCH 模型

在置信度 c 下，第 t 时刻 VaR 的表达式为

$$\mathrm{VaR}_t=\mu+\sigma_t\Phi^{-1}(1-c) \tag{B-11}$$

式中，$\Phi^{-1}(\cdot)$ 表示标准正态分布的分布函数的反函数。

（四）历史模拟法

历史模拟法计算 VaR 的主要步骤如下。

（1）根据实际发生的历史样本（N+1 个时期）中投资组合的价格时间序列计算价格水平的实际变化（得到 N 个变化），即收益率。假定未来的收益率与过去完全相似，即过去 N+1 个时期投资组合的 N 个收益率在未来都可能出现，同时也可以结合当前投资组合的价格水平直接估计未来一个时期组合的 N 种价格水平。

（2）将 N 个收益率数据由小到大进行排序。

（3）用样本数 N 乘以相应的置信度并取整。

（4）将此数所对应的收益率作为 VaR 的估值（如果 VaR 值用价格变化来表示，则将此收益率乘以当前组合的价格即可）。

（五）蒙特・卡罗模拟法

在几何布朗运动模型的基础上，计算的主要步骤如下。

（1）根据已知投资组合的历史价格序列，估计出相应参数 μ 和 σ 的值。

（2）产生正态分布的随机数序列 ε_i（i=1,2,⋯,n）。

（3）利用随机过程模拟出 Pt+1,Pt+2,⋯,Pt+n（PT）。

（4）重复步骤（2）和（3）共计 N 次（N 由模拟要求来确定大小）便可以得到投资组合在 T 时刻 N 个可能的价格。

（5）计算组合的收益率分布，根据特定的置信度，由分位数估计出相应 VaR 的值。

附录 C　欧式期权定价的 Black–Scholes 公式

一、布莱克·修斯公式（Black-Scholes）期权定价方程及边界条件

假定 t 时刻的股票价格 $S(t)$ 满足随机微分方程：

$$\mathrm{d}S(t)=S(t)(\mu\mathrm{d}t+\sigma\mathrm{d}B(t)) \tag{C-1}$$

式中，μ,σ 为常数；$B(t)$ 为一维标准 Brown 运动。市场无风险利率为 γ，假定在期权有效期内，基础股票不支付任何红利，股票市场没有任何交易费用，无套利机会，基础股票交易能够连续地进行，允许卖空且股票的数量是可分的。

假定有一期权，其价值记为 $V(S,t)$，它仅依赖于 S 和 t，且假定 $V(S,t)$ 关于 t 一阶可导，关于 S 二阶可导连续，由 *Ito* 公式

$$\mathrm{d}V=(\mu SV_S+\frac{1}{2}\sigma^2S^2V_{SS}+V_t)\mathrm{d}t+\sigma SV_S\mathrm{d}B_t \tag{C-2}$$

现在构造一投资组合，它由期权和数量为 $-\Delta$ 的基础股票构成，投资组合的价值为

$$\prod=V-\Delta S \tag{C-3}$$

微分得

$$\mathrm{d}\prod=\mathrm{d}V-\Delta\mathrm{d}S \tag{C-4}$$

结合式（C-1）、（C-2）和（C-3），$\prod$ 满足如下随机微分方程

$$\mathrm{d}\prod=(\mu SV_S+\frac{1}{2}\sigma^2S^2V_{SS}+V_t-\mu\Delta S)\mathrm{d}t+\sigma S(V_S-\Delta)\mathrm{d}B \tag{C-5}$$

选择 $\Delta=V_S$，则可以根除随机项。这时资产组合增益是确定的。

$$\mathrm{d}\prod=(V_t+\frac{1}{2}\sigma^2S^2V_{SS})\mathrm{d}t \tag{C-6}$$

如果将 $\prod$ 投资于无风险资产，其收益是 $\gamma\prod\mathrm{d}t$。在无套利条件下，应有

$$\gamma\prod\mathrm{d}t=(V_t+\frac{1}{2}\sigma^2S^2V_{SS})\mathrm{d}t \tag{C-7}$$

将式（C-3）和 $\Delta=V_S$ 代入式（C-7），即导出期权价值所满足的 Black-Scholes 偏微分方程：

$$V_t+\frac{1}{2}\sigma^2 S^2 V_{SS}+\gamma S V_S-\gamma V=0 \tag{C-8}$$

在此，就导出的结果给出以下三方面的讨论：

首先，$\Delta=V_S$ 是期权和期权投资组合价值关于 S 的变化率。这在理论和实际中都是非常重要的，它可以用来度量期权和其对应的股票之间的联系。

其次，线性偏微分算子 $L_{BS}=\frac{\partial}{\partial t}+\frac{1}{2}\sigma^2 S^2\frac{\partial^2}{\partial S}+\gamma S\frac{\partial}{\partial S}-r$ 有一金融意义下的解释，它是投资收益与机会成本之间差距的度量，即套期保值期权投资组合（前面的三项）减去无风险收益率（最后一项）。

最后，Black-Scholes 方程并不包括增长系数 μ。换句话说，期权的价值独立于资产增长的快慢。随机微分方程中影响期权价格的唯一参数是方差 σ，其结果是即便不同人估计的 μ 不同，其期权价值仍然相同。

为了确保式（C-8）有唯一解，以下讨论欧洲买入和卖出期权的终期边界条件。记欧洲买入期权的价值是 $C(S,t)$，其到期时刻为 T，执行价格为 E。当 $t=T$ 时，欧洲买入期权的价值是确定已知的收益：

$$C(S,T)=\max(S-E,0)$$

由式（C-1）看到，假如 $S(t)\equiv 0$，则 $\mathrm{d}S\equiv 0$，所以 S 永远不会变化。这是随机微分方程式（C-1）唯一确定的解。假如 $S(T)=0$，则买入期权收益为零，从而纵使到期时间很长，买入期权在 $S(T)=0$ 处也无价值，因此当 $S(T)=0$ 时，有

$$C(0,t)=0 \tag{C-9}$$

当股票价格无限递增时，期权越来越可能被执行，而且执行价格的大小变得不太重要，从而当 $S\to\infty$ 时，期权的价值变成股票的价值，即

$$C(S,t)\sim S\text{当}S\to\infty \tag{C-10}$$

对于卖出期权，其价值记为 $P(S,t)$，终期收益条件为

$$P(S,T)=\max(E-S,0) \tag{C-11}$$

前面曾提及，假如 $S(t)\equiv 0$，则卖出期权的终期收益为 E。为了确定 $P(0,t)$，不得不计算在 T 时刻执行价格 E 的现值。假定利率是常数，$S=0$ 的边界条件是

$$P(0,T)=Ee^{-\gamma(T-t)} \tag{C-12}$$

更为一般地，对于依赖于时间的利率，有

$$P(0,T)=Ee^{-\int_t^T \gamma(\tau)\mathrm{d}\tau} \tag{C-13}$$

当 $S\to\infty$ 时，期权不可能被执行，所以

$$P(S,t)\to 0\quad(\text{当}S\to\infty) \tag{C-14}$$

二、欧洲期权定价 Black-Scholes 公式的导出

由式（C-9），欧洲买入期权价值 $C(S,t)$ 满足方程：

$$C_t + \frac{1}{2}\sigma^2 S^2 C_{SS} + \gamma S C_S - \gamma C = 0 \quad \text{(C-15)}$$

$$\text{s.t. } C(0,t) = 0, C(S,t) \sim S, C(S,T) = \max(S-E,0) \ (\text{当} S \to \infty) \quad \text{(C-16)}$$

方程（C-15）类似于扩散方程，但它有更多项，在每一个时间点上，C 关于 S 求微分并且乘以 S，从而给出了非常值系数。方程显然是向后形式的，并且给出了终期时刻 $t=T$ 时刻的值。

需要做的第一件事是根除 C_S 和 C_{SS} 的 S 和 S^2。首先将方程转换成向前方程，置

$$S = E\mathrm{e}^x, t = T - \frac{\tau}{\frac{1}{2}\sigma^2}, C = Ev(x,\tau) \quad \text{(C-17)}$$

结果方程变为

$$v_t = v_{xx} + (k_1 - 1)v_x - k_1 v \quad \text{(C-18)}$$

式中，$k_1 = r/\frac{1}{2}\sigma^2$。此时，终期条件转化为初始条件：

$$v(x,0) = \max(\mathrm{e}^x - 1, 0) \quad \text{(C-19)}$$

此时方程仅包括一个参数 k_1，代替了原来问题中的 4 个参数 E、T、σ^2 和 γ。控制期权价值的唯一本质因素是 $r/\frac{1}{2}\sigma^2$，这是问题中唯一的无维参数；方程（C-18）非常像扩散方程，而且可以经过一简单变换将式（C-18）转换成扩散方程，置

$$v = \mathrm{e}^{\alpha x + \beta\tau} u(x,\tau) \quad \text{(C-20)}$$

其中，α 和 β 是待定常数，微分得到

$$\beta u + u_\tau = \alpha^2 u + 2\alpha u_x + u_{xx} + (k_1 - 1)(\alpha u + u_x) - k_1 u \quad \text{(C-21)}$$

选择 α 和 β，使其满足：

$$\beta = \alpha^2 + (k_1 - 1)\alpha - k_1 \quad \text{(C-22)}$$

$$0 = 2\alpha + (k_1 - 1) \quad \text{(C-23)}$$

从而根除了方程（C-21）中的 u 和 u_x 项，求解式（C-22）和式（C-23），得

$$\alpha = -\frac{1}{2}(k_1 - 1), \beta = -\frac{1}{4}(k_1 + 1)^2 \quad \text{(C-24)}$$

故有

$$v(x,\tau)=\exp[-\frac{1}{2}(k_1-1)x-\frac{1}{4}(k_1+1)^2\tau]u(x,\tau) \tag{C-25}$$

式中，u 满足：

$$u_\tau=u_{xx} \quad (-\infty<x<\infty,\ \tau>0) \tag{C-26}$$

$$\text{s.t.}\quad u(x,0)=u_0(x)=\max(\exp[\frac{1}{2}(k_1+1)x]-\exp[\frac{1}{2}(k_1-1)x],0) \tag{C-27}$$

由偏微分方程的知识：

$$u(x,\tau)=\frac{1}{2\sqrt{\pi\tau}}\int_{-\infty}^{+\infty}u_0(s)\exp[-(x-s)^2/4\tau]\mathrm{d}s \tag{C-28}$$

式中，$u_0(x)$ 由式（C-27）给出，需要做的是求解式（C-28）。先做等价变换，令 $x'=(x-s)/\sqrt{2\tau}$，得

$$\begin{aligned}u(x,\tau)&=\frac{1}{2\sqrt{\pi}}\int_{-\infty}^{+\infty}u_0(x'\sqrt{2\tau}+x)\exp[\frac{1}{2}x'^2]\mathrm{d}x'\\&=\frac{1}{2\sqrt{\pi}}\int_{-x/\sqrt{2\tau}}^{+\infty}\exp[\frac{1}{2}(k_1+1)(x+x'\sqrt{2\tau})]\times\exp[-\frac{1}{2}x'^2]\mathrm{d}x'\\&\quad-\frac{1}{2\sqrt{\pi}}\int_{-x/\sqrt{2\tau}}^{+\infty}\exp[\frac{1}{2}(k_1-1)(x+x'\sqrt{2\tau})]\times\exp[-\frac{1}{2}x'^2]\mathrm{d}x'\\&=I_1-I_2\end{aligned} \tag{C-29}$$

其中，

$$\begin{aligned}I_1&=\frac{1}{2\sqrt{\pi}}\int_{-x/\sqrt{2\tau}}^{+\infty}\exp[\frac{1}{2}(k_1+1)(x+x'\sqrt{2\tau})]\times\exp[-\frac{1}{2}x'^2]\mathrm{d}x'\\&=\frac{\exp[\frac{1}{2}(k_1+1)x]}{2\sqrt{\pi}}\int_{-x/\sqrt{2\tau}}^{+\infty}\exp[\frac{1}{4}(k_1+1)^2\tau]\times\\&\quad\exp[-\frac{1}{2}(x'-\frac{1}{2}(k_1+1)\sqrt{2\tau})^2]\mathrm{d}x'\\&=\frac{\exp[\frac{1}{2}(k_1+1)x+\frac{1}{4}(k_1+1)^2\tau]}{2\sqrt{\pi}}\times\int_{-x/\sqrt{2\tau}-\frac{1}{2}(k_1+1)\sqrt{2\tau}}^{+\infty}\exp[1\frac{1}{2}\rho^2]\mathrm{d}\rho\\&=\exp[\frac{1}{2}(k_1+1)x+\frac{1}{4}(k_1+1)^2\tau]N(d_1)\end{aligned} \tag{C-30}$$

$$
\begin{aligned}
I_2 &= \frac{1}{2\sqrt{\pi}}\int_{-x/\sqrt{2\tau}}^{+\infty}\exp[\frac{1}{2}(k_1-1)(x+x'\sqrt{2\tau})]\times\exp[-\frac{1}{2}x'^2]\mathrm{d}x' \\
&= \frac{\exp[\frac{1}{2}(k_1-1)x]}{2\sqrt{\pi}}\int_{-x/\sqrt{2\tau}}^{+\infty}\exp[\frac{1}{4}(k_1-1)^2\tau]\times\exp[-\frac{1}{2}(x'-\frac{1}{2}(k_1-1)\sqrt{2\tau})^2]\mathrm{d}x' \\
&= \frac{\exp[\frac{1}{2}(k_1-1)x+\frac{1}{4}(k_1-1)^2\tau]}{2\sqrt{\pi}}\times\int_{-x/\sqrt{2\tau}-\frac{1}{2}(k_1-1)\sqrt{2\tau}}^{+\infty}\exp[1\frac{1}{2}\rho^2]\mathrm{d}\rho \\
&= \exp[\frac{1}{2}(k_1-1)x+\frac{1}{4}(k_1-1)^2\tau]N(d_2)
\end{aligned} \tag{C-31}
$$

可以看到，除了 I_1 中的 (k_1+1) 与 I_2 中的 (k_1-1) 有所区别外，其他形式都一样。很显然，I_2 的计算与 I_1 是类似的。我们以 I_1 的求解过程为例。

在式（C-30）中有

$$d_1=\frac{x}{\sqrt{2\tau}}+\frac{1}{2}(k_1+1)\sqrt{2\tau} \tag{C-32}$$

$$N(d_1)=\frac{1}{\sqrt{2\pi}}\int_{-\infty}^{d_1}\mathrm{e}^{-\frac{1}{2}S^2}\mathrm{d}s \tag{C-33}$$

是正态分布的累积分布函数。

将 $x=\ln(S/E)$，$\tau=\frac{1}{2}\sigma^2(T-t)$ 及 $C=Ev(x,\tau)$ 代入式（C-29），整理得

$$C(S,t)=SN(d_1)-E\mathrm{e}^{-\gamma(T-t)}N(d_2) \tag{C-34}$$

其中，

$$d_1=\frac{\ln(S/E)+(\gamma+\frac{1}{2}\sigma^2)(T-t)}{\sigma\sqrt{(T-t)}} \tag{C-35}$$

$$d_2=\frac{\ln(S/E)+(\gamma-\frac{1}{2}\sigma^2)(T-t)}{\sigma\sqrt{(T-t)}}=d_1-\sigma\sqrt{T-t} \tag{C-36}$$

总结以上结论，可以得出：

定理 1（Black-Scholes 欧洲期权定价公式）：到期时刻为 T，执行价格为 E，价格过程为式（C-1）的股票欧洲期权价值：

$$C(S,t)=SN(d_1)-E\mathrm{e}^{-\gamma(T-t)}N(d_2)$$

式中，d_1 和 d_2 由式（C-35）和式（C-36）给出。

参考文献

[1] Alexander Pollatsek, Amos Tversky, *A theory of risk*, Journal Mathematical Psychology, 1970, 7, pp. 540-553.

[2] Andress Kleine, Decisions with uncertain alternatives, OR Spectrum, 1999, 21: 315-329.

[3] Anthony Sounders, *Credit Risk Management* [M], John Wiley & Sons, New York, 1999.

[4] Acharya, V. V, and J. N. Carpenter, *Callable Default-able Bonds: Valuation, Hedging and Optimal Exercise Boundaries*, Working Paper, Dept. Finance, NYU, March 15, 1999.

[5] Aguais, S.D.L. Forest, S. Krishnamoothy, and T. Mueller, *Creating Value from both Loan Structure and Price*, Commercial Lending Review, 1997, pp.1-10 (Winter).

[6] Altman, E. I., T. K. N. Baidya, and M.R. Dias, *Assessing Potential Financial Problems for Firms in Brazil*, Working Paper 125, NYU Salomon Center, September 1997.

[7] Altman, E. I., *Financial Ratios, Discriminate Analysis and the Prediction of corporate Bankruptcy, Journal of Finance*, September 1968, pp.589-609.

[8] Altman, E. I., *Measuring Corporate Bond Mortality and Performance*, Journal of Finance, September 1989, pp.090-922.

[9] Altman, E. I., *Predicting Financial Distress of Companies: Revisiting the Z-Score and Zeta Models,* Working Paper, NYU Salomon Center, June 1995.

[10] Altman, E. I., and D. L. Kao, *The Implications of Corporate bond Ratings Drift, Financial analysts Journal*, May-June 1992, pp.64-75.

[11] Altman, E. I., and V. M. Kishore, *Defaults and Returns on High Yield Bond: Analysis Through 1997*, Working Paper, NYU Salomon Center, January 1998.

[12] Altman, E. I., and P. Narayanan, *An International Survey of Business Failure Classification Models*, Financial Markets, Instruments and Institutions, Vol.6, No.2, 1997.

[13] Altman, E. I., and A. Saunders, *Credit Risk Measurement: Developments over the Last Twenty Years,* Journal of Banking and Finance, December 1997, pp.1721-1742.

[14] Altman, E. I., and H. J. Suggitt, *Default Rates in the Syndicated Loan Market: A Mortality Analysis*, Working Paper S–97–39, NYU Salomon Center, December 1997.

[15] Anderson, R., and S. Sunderesan, *A Comparative Study of Structural Models of Corporate Bond Yields*, Paper presented at Center for Economic Policy Research (CEPR) Conference, London, September 20, 1998.

[16] Anderson, R., and S. Sunderesan, and P. Tychon, *Strategic Analysis of Contingent Claims*, European Economic Review, 1996, pp.871-881.

[17] Angbazo, L., J-P. Mei, and A. Saunders, *Credit Spreads in the Market for Highly Leveraged Transaction Loans*, Journal of Banking and Finance, December 1998, pp.1249-1282.

[18] Asarnow, E., *Managing Bank Loan Portfolios for Total Return*, Paper presented at a conference on "A New Market Equilibrium for the Credit Business", Frankfurt, Germany, March 11, 1999.

[19] Asarnow, E., and J. Market, *Historical Performance of the U.S. Corporate Loan Market, 1998-1993,* Journal of Commercial Lending, Spring 1995, pp.13-22.

[20] Asquith, P., D. W. Mullins, and E. D. Wolff, *Original Issue High Yield Bonds: Aging analysis of Defaults, Exchanges and Calls*, Journal of Finance, September 1989, pp.92-952.

[21] Babbel, D.F., *Insuring Banks Against Systematic Credit Risk*, Journal of Futures Markets, Noverber 6, 1989, pp.487-506.

[22] Bank of International Settlements, Standardized Model for Market Risk, Basle, Switzerland, 1996.

[23] Belkin, B., L. R. Forest, S. D. Aguais, and S. J. suchower, *Credit Risk Premiums in Commercial Lending (I)*, KPMG, New York, August 1998b (mimeo).

[24] Belkin, B., S. J. suchower, and L. R. Forest, *The Effect of Systematic Credit Risk on Loan Portfolio Value at Risk and Loan Pricing*, Credit-Metrics Monitor, 1998c, pp. 17-28.

[25] Belkin, B., S. J. suchower, D.H. Wagner, and L. R. Forest, *Measures of Credit Risk and Loan Value in LASSM*, KPMG Risk Strategy Practice 1998d (mimeo).

[26] Black, F., and M. Scholes, *The Pricing of Options and Corporate Liabilities*,

Journal of Political Economy, May-June 197, pp. 637-654.

[27] Boudoukh, J. M. Richardson, and R. Whitelaw, *Expect the Worst*, Risk Magazine, September 1995, pp.101-105.

[28] Brenner, M., and Y. H. Eon, *No Arbitrage Option Pricing: New Evidence on the Validity of the Martingale Property*, Working Paper 97-10, NYU Salomon Center, 1997.

[29] Caouette, J. B., E. J. Altman, and P. Narayanan, *Managing Credit Risk: The Next Great Financial Challenge* [M], John Wiley & Sons, New York, 1998.

[30] Carey, M., *Credit Risk in Private Debt Portfolios*, Journal of Finance, August 1998, pp.1363-1387.

[31] Carty, L. V., and D. Lieberman, *Corporate Bond Defaults and Default Rates 1938-1995*, Moody 's Investors Service, Global Credit Research, January 1996.

[32] Carty, L. V., and D. Lieberman, *Defaulted Bank Loan Recoveries*, Moody 's Investors Service, Global Credit Research (Special Report), 1996.

[33] Choudhury, S. P., *Choosing the Right Box of Credit Tricks*, Risk Magazine, November 1997, pp.17-22.

[34] Coates, P. K., and L. F. Fant, *Recognizing Financial Distress Patterns Using a Neural Network Tool*, Financial Management, Summer 1993, pp. 142-155.

[35] Credit Suisse Financial Products, *Credit Risk Plus*, Technical Document, London/New York, October 1997.

[36] Crouhy, M., and R. Mark, *A Comparative Analysis of Current Credit Risk Models*, Paper presented at the Bank of England Conference on Credit Risk Modeling and Regulatory Implications, London, September 21-22,1998.

[37] Crouhy, M. S. M. Turnbull, and Lee M. Wakeman, *Measuring Risk – Adjusted Performance*, Paper presented at Center for Economic Policy Research (CEPR) Conference, London, September 20,1998.

[38] Delianedis, G., and R. Geske, *Credit Risk and Risk-Neutral Default Probabilities: Information about Rating Migrations and Defaults*, Paper presented at the Bank of England Conference on Credit Risk Modeling and Regulatory Implication, London, September 21-22, 1998.

[39] Dermine, J., *Pitfalls in the Application of RAROC in Loan Management*, The Arbitrageur, Spring 1998, pp.21-27.

[40] Diebold, F., and R. Mariano, *Comparing Predictive Accuracy*, Journal of Business and Economic Statistics, May 1995, pp.253-264.

[41] Duffee, G., *Estimating the Price of Default Risk*, The Review of Financial Studies, Spring 1999, pp.197-226.

[42] Duffie, D., and D. Lando, *Term Structures of Credit Spreads with Incomplete Accounting Information*, Working Paper, Graduate School of Business, Stanford University, 1997.

[43] Duffie, D., and M. Huang, *Swap Rates and Credit Quality,* Journal of Finance, July 1996, pp. 921-950.

[44] Duffie, D., and K. Singleton, *Simulation Correlated Defaults*, Paper presented at the Bank of England Conference on Credit Risk Modeling and Regulatory Implications, London, September 21-22, 1998.

[45] Elton, E. J., and M. J. Gruber, *Modern Portfolio Theory and Investment Analysis* [M], 5th ED. New York, John Wiley & Sons, Inc., 1998.

[46] Estella, A., *Formulas or Supervision? Remarks on the Future of Regulatory Capital*, Paper presented at a Conference on Financial Services at Crossroads: Capital Regulation in the 21st Century, Federal Reserve Bank of NY, February 26-27, 1998.

[47] Fadil, M. W., *Problems with Weighted – Average Risk Ratings: A Portfolio Management View*, Commercial Lending Review, January 1997, pp.23-27.

[48] Federal Reserve System Task Force Report, *Credit Risk Models at Major U.S. Banking Institutions: Current State of the Art and Implications for Assessments of Capital Adequacy*, Washington, DC, 1998.

[49] Fehle, F., *Market Structure and Swap Spreads: International Evidence*, Working Paper, University of Texas At Austin, September 13,1998.

[50] *Fears over Banks Prompt Surge in Credit derivatives*, Financial Times, October 7, 1998, pp.1.

[51] Finnerty, J.D., *Credit Derivatives, Infrastructure Finance and Emerging Market Risk*, The Financier, February 1996, pp.64-78.

[52] Flannery, M. J., and S. Sorescu, *Evidence of Bank Market Discipline in Subordinated Debenture Yields: 1983-1991*, Journal of Finance, September 1996, pp. 1347-1377.

[53] Fons, J., *Using Default Rates to Model the Term Structure of Credit Risk*, Financial Analysts Journal, September-October 1994, pp. 25-32.

[54] General Accounting Office, *Risk-Based Capital: Regulatory and Industry Approaches to Capital and Risk*, Washington, DC, General Accounting Office,

1998, Report No. 98-153.

[55] Geske, R., *The Valuation of Corporation Liabilities as Compound Options*, Journal of Financial and Quantitative Analysis, November 1997, pp. 541-552.

[56] Ginzberg, A., K. Maloney, and R. Wilner, *Risk Rating Migration and Valuation of Floating Rate Debt*, Working Paper, Citicorp, March 1994.

[57] Gordy, M.B., *A Comparative Anatomy of Credit Risk Models*, Paper presented at the Bank of England Conference on Credit Risk Modeling and Regulatory Implications, London, September 21-22, 1998.

[58] Gorton, G., and A. Santomero, Market Discipline and Bank Subordinated Debt, Journal of Money, Credit and Banking, February 1990, pp. 117-128.

[59] Granger, C.W.J., and L.L. Huang, *Evaluation of Panel Data Models: Some Suggestion from Time- Series*, Discussion Paper 97-10, Dept. of Economics, University of California, San Diego,1997.

[60] Harrison, J.M., and S. R. Pliska, *Martingales and Stochastic Integrals*, Stochastic Processes and Their Applications, August 1981, pp.215-260.

[61] Harrison, M., *Brownian Motion and Stochastic Flow Systems*, John Wiley & Sons, Inc., New York, 1985.

[62] Harrison, M., and D. Kreps, *Martingales and Arbitrage in Multi-Period Security Markets*, Journal of Economic Theory, 1979, pp.381-408.

[63] Hendricks, D., *Netting Agreements and the Credit Exposures of OTC Derivatives Portfolios*, Federal Reserve Bank of New York, Quarterly Review, Spring 1994, pp.36-69.

[64] International Swaps and Derivatives Association (ISDA), *Credit Risk and Regulatory Capital*, New York/London, March 1998.

[65] James, C., *RAROC – Based Capital Budgeting and Performance Evaluation: A Case Study of Bank Capital Allocation*, University of Florida, 1996 (mimeo).

[66] Jarrow, R., D. Lando, and S. Turnbull, *A Markov Model for the Term Structure of Credit Spreads*, Review of Financial Studies, 1997, pp. 481-523.

[67] Jarrow, R.A., and S. M. Turnbull, *The Intersection of Market and Credit Risk*, Paper presented at the Bank of England Conference on Credit Risk Modeling and Regulatory Implications, September 21-22, London, 1998.

[68] Jarrow, R.A., and D. R. Van Deventer, *Practical Usage of Credit Risk Models in Loan Portfolio and Counterpart Exposure Management*. The Kamakura Corporation, March 15, 1999 (mimeo).

[69] Jiang Hongxun, Qiu Wanhua, A game theory approach of Deposit Insurance , Journal of systems science and systems engineering, 2003, 1.

[70] Jiang Hongxun, Qiu Wanhua, The National Defense Firms Overall Performance Evaluation System Based GEM-Method and Software Research, Proceedings of 2002 International Conference on Management Science & Engineering，2002, 10.

[71] Jones, D., *Emerging Problems with the Accord: Regulatory Capital Arbitrage and Related Issues*, Federal Reserve Board of Governors, July 1998 (mimeo).

[72] Jones, E.P., S.P. Mason, and E. Rosenfeld, *Contingent Claims Analysis of Corporate Capital Structures: An Empirical Investigation*, Journal of Finance, July 1984, pp. 611-625.

[73] Kareken, John H. and Neil Wallace. *Deposit Insurance and Bank Regulation: A partial Equilibrium Exposition,* FRB. Of Minneapolis, Staff Report, No.16, January 1977.

[74] Kealhofer, S., *Managing Default Risk in derivative Portfolios, in Derivative Credit Risk: Advances in Measurement and Management*, London, Renaissance Risk Publications, 1995.

[75] KMV, *Credit Monitor Overview*, San Francisco, KMV Corporation, 1993 (mimeo).

[76] KMV, *Global Correlation Factor Structure*, San Francisco, KMV Corporation, August 1996 (mimeo).

[77] KMV, *KMV and Credit-Metrics*, San Francisco, KMV Corporation, 1997 (mimeo).

[78] KMV, *Portfolio Management of Default Risk*, San Francisco, KMV Corporation, November 15, 1993 (mimeo).

[79] KMV, *Portfolio Manager Model*, San Francisco, KMV Corporation, undated.

[80] Koyluoglu, H.U., and A. Hickman, *A Generalized Framework for Credit Risk Portfolio Models*, Oliver, Wyman and Co., New York, September 14, 1998.

[81] KMPG, *Loan Analysis*, New York, KPMG Financial Consulting Services, 1998.

[82] KPMG Peat Marwick, *VAR: Understanding and Applying Value at Risk*, New York, Risk Publication, 1997.

[83] Kreps, D., *Multi-period Securities and the Efficient Allocation of Risk: A Comment on the Black-Scholes Option Pricing Model, in J. J. McCall* (Ed.), The Economics of Uncertainty and Information, Chicago, University of Chicago

Press, 1982.

[84] Kuritzkes, A., *Transforming Portfolio Management*, Banking Strategies, July-August 1998.

[85] Leland, H., Agency Costs, *Risk Management and Capital Structure*, Journal of Finance, July 1998, pp.1213-1242.

[86] Leland, H., *Corporate Debt Value, Bond Covenants and Optimal Capital Structure*, Journal of Finance, September 1994, pp. 1213-1252.

[87] Leland, H., and K. Toft, *Optimal Capital Structure, Endogenous Bankruptcy, and the Term Structure of Credit Spreads*, Journal of Finance, July 1996, pp. 987-1019.

[88] Litterman, R., and T. Iben, *Corporate Bond Valuation and the Term Structure of Credit Spreads*, Journal of Portfolio Management, November 3, 1989, pp.52-64.

[89] Longstaff, F.A., and E.F. Schwartz, *A Simple Approach to Valuing Risky Fixed and Floating Rate Debt*, Journal of Finance, July 1995, pp.789-819.

[90] Lopez, J.A., and M.R. Saidenberg, *Evaluating Credit Risk Models*, Paper presented at the Bank of England Conference on Credit Risk Modeling and Regulatory Implication, September 21-22, 1998.

[91] Madan, D.B., and H. Unal, *Pricing the Risks of Default*, University of Maryland, College Park, Dept. of Finance, 1994 (mimeo).

[92] McAllister, P.M., and J.J. Mingo, *Commercial Loan Risk Management, Credit Scoring and Pricing: The need for a New Shared Database*, Journal of Commercial Lending, May 1994, pp.6-22.

[93] McKinsey and Co., *Credit Portfolio View*, New York, McKinsey and Co., 1997.

[94] McQuown, J.A., *The Illuminated Guide to Portfolio Management*, Journal of Lending and Credit Risk Management, August 1997, pp.29-41.

[95] McQuown, J.A., *Market vs. Accounting-based Measure of Default Risk*, San Francisco, KMV Corporation, 1995.

[96] McQuown, J.A., and S. Kealhofer, *A Comment on the Formation of Bank Stock Prices*, San Francisco, KMV Corporation, April 1997.

[97] Mella-Barral, P., and W. Perraudin, *Strategic Debt Service,* Journal of Finance, June 1997, pp.531-556.

[98] Merrill Lynch, *Credit Default Swaps*, New York, Global Fixed Income Research, October 1998.

[99] Merton, R.C., *On the Pricing of Corporate Debt: The Risk Structure of Interest*

Rates, Journal of Finance, June 1974, pp.449-470.

[100] Merton, Robert C., *An Analytic Derivation of the Cost of Deposit Insurance Loan Guarantees: An Application of Modern Option Pricing Theory,* Journal of Banking and Finance，June 1977.

[101] Miller, R., *Refining Ratings*, Risk Magazine, August 1998.

[102] Mingo, J.J., *Policy Implications of the Federal Reserve Study of Credit Risk Models at Major Banking Institutions*, Paper presented at the Bank of England Conference on Credit Risk Modeling and Regulatory Implications, London, September 21-22, 1998.

[103] Morgan, J.P., *Credit Metrics*, New York, Technical Document, April 2,1997.

[104] Nickell, P., W. Perraudin, and S. Varotto, *Stability of Rating Transitions*, Paper presented at the Bank of England Conference on Credit Risk Modeling and Regulatory Implications, September 21-22, London, 1998.

[105] Oda, N., and J. Muranaga, *A New Framework for Measuring the Credit Risk of a Portfolio: The ExVaR Model*, Monetary and Economic Studies, Bank of Japan, Tokyo, December 1997.

[106] Paroush, Jacob. *The Domino Effect and the Supervision of the Banking System,* The Journal of Finance 43 (5), 1988.

[107] Philippe Jorion, *Value at Risk: the new Benchmark for controlling derivatives risk*, The McGrrao-Hill Companies, Inc., 1997.

[108] Rajan, R., *Insiders and Outsiders: The Choice between Informed and Arm's Length Debt*, Journal of Finance, September 1992, pp.1367-1400.

[109] Ronn, E., and A. Verma, *Pricing Risk – Adjusted Deposit Insurance: an Option Based Model*, Journal of Finance, September 1986, pp.871-896.

[110]Sanvicente, A.S., and F.L.C. Bader, *Filing for Financial Reorganization in Brazil: Event Prediction with Accounting and Financial Variables and the Information Content of the Filing Announcement*, Working Paper, Sao Paulo University, Sao Paulo, Brazil, March 1996.

[111] Saunders, A., *Financial Institutions Management: A Modern Perspective*, 2nd Ed. BurrRidge, IL: Irwin/McGraw-Hill, 1997.

[112] Saunders, A., A. Srinivasan, and I. Walter, *Price Formation in the OTC Corporate Bond Markets: A Field Study of the Inter-Dealer Market*, Working Paper No.98-89, Dept. of Finance, NYN, 1998.

[113] Shearer, A., *Pricing for Risk Is the Key in Commercial Lending*, American

Banker, March 21, 1997, pp.1.

[114] Shepheard - Walwyn, T., and R. Litterman, *Building a Coherent Risk Measurement and Capital Optimization Model for Financial Firms*, Paper presented at a Conference on Financial Services at Crossroads: Capital Regulation in the 21st Century, Federal Reserve Bank of NY, February 26-27, 1998.

[115] Shimko, D., N. Tejima, and D.R. van Deventer, *The Pricing of Risky Debt when Interest Rates Are Stochastic*, Journal of Fixed Income, September 1993, pp.58-66.

[116] Smith, C.W., W. Smithson, and D.S. wilford, *Managing Financial Risk*, Cambridge, MA: Ballinger, 1990.

[117] Society of Actuaies, *1986-1992 Credit Loss Experience Study: Private Placement Bonds*, Schaum-bug, IL: 1996.

[118] Stahl, G., *Confidence Intervals for Different Capital Definitions in a Credit Risk Model*, Paper presented at Center for Economic Policy Research (CEPR) Conference, London, September 20, 1998.

[119] Standard and Poor 's, *Rating Performance 1997 – Stability and Transition*, New York, Standard and Poor 's Research Report, 1998.

[120]Stiglitz, J., and A. Weiss, *Credit Rationing in Markets with Imperfect Information*, American Economic Review, June 1981, pp.393-410.

[121] Sundaram, R.K. *Equivalent Martingale Measure and Risk – Neutral Pricing: An Expository Note*, Journal of Derivatives, Fall 1997, pp.85-98.

[122] Taylor, J.D., *Cross- Industry Differences in Business Failure Rates: Implications for Portfolio Management*, Commercial Lending Review, January 1998, pp. 36-46.

[123] Treacy, W., and M. Carey, *Internal Credit Risk Rating Systems at Large U.S. Banks*, Federal Reserve Bulletin, November 1998.

[124] Vasicek, O., *Probability of Loss on a Loan Portfolio*, San Francisco: KMV Corporation, undated (mimeo).

[125] Wall, L., and M.M. Shrikhande, *Credit Derivatives*, Paper presented at the FMA Conference, Chicago, October 1998.

[126] Wilson, T., *Credit Risk Modeling: A New Approach*, New York, McKinsey Inc., 1997a (mimeo).

[127] Wilson, T., *Portfolio Credit Risk (Parts I and II)*. Risk Magazine,

September-October, 1997b.

[128] Zaik, E., J. Walter, and J.G. Kelling, *RAROC at Bank of America: From Theory to Practice*, Journal of Applied Corporate Finance, Summer 1996, pp.83-93.

[129] Zhou, C., *A Jump Diffusion Approach to Modeling Credit Risk and Valuing Default-able Securities*, Working Paper, Federal Reserve Board of Governors, undated 1997.

[130] 程蓬，吴冲锋，陈江. 信用风险度量与我国商业银行信用风险管理. 上海金融，2000 年第 8 期.

[131] 程小伟，陈伟忠. 我国国有银行信用风险特性及其防范. 西安交通大学学报(社会科学版)，第 19 卷第 3 期(总 49 期)，1999.

[132] 蒋洪迅、邱菀华. 信用风险下存款收益模型研究. 系统工程理论与实践，2002，11.

[133] 蒋洪迅、邱菀华. 基于欧式期权的储备金费率及补偿率一个简单算法. 系统工程理论与实践，2002，12.

[134] 景学成、沈炳熙. 我国金融业风险的现状、趋势及防范. 金融与保险. 中国人民大学书报资料中心，1997.

[135] 苗华水，路妍. 国有商业银行不良资产问题研究（上）. 投资与合作，1998，5.

[136] 李锦彰. 信用价值取向与银行信用风险防范. 城市金融论坛，1998，3.

[137] 李科. 商业银行信用风险的防范机制——存款保险制度探究. 财经理论与实践，第 20 卷第 102 期，1999，11.

[138] 李友华，王吉恒，刘德宏. VaR 模型在我国金融风险管理中的应用研究. 农村金融研究，2000(2)，33-37.

[139] 李志辉. 现代信用风险量化度量和管理研究[M]. 北京：中国金融出版社，2001.

[140] 刘园，王达学. 金融危机的防范与管理. 北京：北京大学出版社，1999,6，22-24.

[141] 牛昂. 银行风险管理的新方法. 国外银行经营与管理，1997,4，31-35.

[142] 王春峰，李汶华. 商业银行信用风险评估：投影寻踪判别分析模型. 管理工程学报，2000，2.

[143] 王春峰，万海晖，张维. 商业银行信用风险评估及其实证研究. 管理科学学报，1998，1（1）.

[144] 薛峰. 关于企业行为与银行信用风险关系的几点思考. 当代经济科学，1996，3.

[145] 熊熊，张维. 信用衍生工具及其在信用风险管理中的应用. 第 6 届全国青年

管理科学与系统科学学术会议论文集，2001.
[146] 易纲. 中国的货币、银行和金融市场：1984-1993. 上海：上海三联书店、上海人民出版社，1996，6.
[147] 赵国杰，孙卫东. 商业银行信用风险形成机理分析. 地质技术经济管理，第22卷第2期，2000，4.
[148] 张大龙、廖远瞩. 对构建我国存款保险制度的思考. 金融科学-中国金融学院学报，1997，1.
[149] 张维，李玉霜，王春峰. 递归分类树在信用风险分析中的应用. 系统工程理论与实践，2000，3.
[150] 詹原瑞. 极值理论（EVT）在汇率受险价值计算中的应用. 系统工程理论与实践，2000，3.
[151] 朱岩鹏，赵云霄. 资本分析-防范信用风险的基本手段. 天津商学院学报，1996，2.
[152] 郑文通. 金融风险管理的 VaR 方法及其应用. 国外银行经营与管理，1997，9.

跋

月初，接到蒋洪迅的电话，他告诉我预备把他完成的研究工作——《存款性金融机构信用风险理论方法及其应用》编辑出版。作为他的父亲，我很高兴也很骄傲，特别是为他的辛苦工作如今能集结出书感到欣慰。

十年前，蒋洪迅开始研究探讨存款性金融机构的信用风险问题。经过不断努力，如今在这个领域取得一定的成果。他在文中说："金融机构的信用风险是现代风险理论研究的一个重要组成部分，也是当今不确定性（风险）决策研究的一个难点和热点。在该研究领域中，因存款性金融机构与其他同类机构相比，具有其特殊性，且其发生信用风险的危害性更大，故存款性金融机构的信用风险理论方法具有重要意义。"基于这么一个认识，他在最近十几年中，涉猎了大量有关这个课题的国内外文章、著作，又利用多次赴美国、德国、法国、西班牙、意大利、奥地利、瑞典、希腊、日本、以色列、新加坡等国学习、考查、参加国际会议的机会与国内外的专家、学者交流这类问题，获取知识、收集资料，自己还在国内参与一些学术组织和交流活动，在国内外的一些期刊上发表文章，进行过论。

存款性金融机构信用风险问题是一个现代世界经济发展中应当出现和已经出现的问题。它的存在一方面体现出世界经济发展的普遍性，也就是说，世界上所有国家，只要它谋取发展，都可能出现存款性金融机构信用风险；另一方面它又说明世界经济的共融性，也就是说，世界上任何国家，特别是发达国家，如果出现了存款性金融机构信用风险，就一定会影响或波及其他国家，造成世界性的经济损失。因此，研究这个问题在现代风险理论研究中具有世界性和前沿性的意义。

《存款性金融机构信用风险理论方法及其应用》一书在信用风险研究领域已经取得一些具有时代性的成果。这些成果如下。

第一，它指出了"目前由中国人民银行为各个商业银行统一制定存款利率的政策具有极大的弊端，它严重背离了风险与收益之间对立统一的辩证关系"，这一说法应当引起我们的关注。

第二，它提出了用“分析研究本领域前沿的3种最常用信用风险量化度量模型，以及它们在我国应用的前景预测来减轻或规避存款性金融机构的信用风险”。

第三，本书概述了我国央行监管风险的含义及其存在的必然性，提出了采用存款保险制度来防范此类信用风险，建立了央行监管风险的对策论模型，这种理论值得大家讨论和实践。

第四，提出了对央行监管风险中储备金费率算法的研究。

第五，提出用布莱克·修斯公式的欧式期权定价方法和计算银行资产储备金费率的一个新的数学方法，适用于指导央行制定金融储备金费率。在央行目前实行单一储备金费率的政策条件下，它具有一定的参考意义，并且据此从投保银行的角度来反向考虑，导出投保银行应该得到的补偿。它以适用于指导我国5家最具代表性的国有商业银行的资产状况为依据，进行了深入的实证分析，从而概括出该模型的一些基本性质，以及对监管风险具有指导意义的重要结论。

书中最常用的部分应当是作者对“3种常用信用风险量化模型的分析比较”。在此以前，您可能分别读过这三种常用信用风险量化模型的论叙，但不一定将它们分析比较过。因此，将它们分析比较，并把3种模型在我国的应用前景进行分析，是作者对这些理论的一个重要进步。

近几十年来，特别是近十几年来，世界经济的发展给世界带来了新的效益，同时也给世界带来了新的风险。这些风险可以从不同层面、不同范围反映出来。当我国已经进入世界经济大国的行列，当我国已经从高速度发展（以开发资源、引进资本、出卖劳动力等方式）转变成高、中速度发展（创新式发展）的时候，防范各种风险，包括存款性金融机构信用风险更具有重要的现实意义。从事这方面管理、研究、监管的同志都应该懂得这个道理。本书就是针对这种情况而出版的，从事这方面管理、研究、监管的同志都值得一读。

作为笔者的父亲，一个已经年过七旬的老者，除了谈这本书的内容外，我更愿意回忆他小时候的一些情景。1974年7月他出生时，我，一个已在社会上摸爬滚打十多年（还在农村插队落户3年）的大学本科毕业生正在一家国营企业（幸好是大型国营企业）从事基层技术工作，在当时买粮要粮票、买布要布票的年代，我们家的生活也是十分艰辛的。由于我在专业技术上还有一定特长，并连续给企业解决了几个技术难题，因此当时受到了各级领导的器重。不过，受当时社会条件的限制，大部分知识分子都无法发挥自己的专长。在这种情况下，儿子的降临给我及全家带来了精气和希望。

也许是受家传的默化影响，蒋洪迅从小就好钻研，敏感性强。在他不到两岁我抱他去排对买菜时，他就会和我一起查对前面的人数；上幼儿园学写字时他就特别认真；六年的小学每天他都是自己去，自己回；到了中学，他的学习成绩出现了明显上升，他的语文、数学、英语、物理、化学等各科成绩都在年级名列前茅，后来他考入重点高中，并在高中阶段以物理学科领先，在其他科目上也有优势的成绩被学校推荐考入北京航空航天大学。大学里，他也是三好学生、优秀班干部、优秀学生会干部。后来他被推荐为硕士研究生、博士研究生，以及最后被选入中国人民大学从事教学科研工作。这些年他又做出了很多新的业绩。

在《存款性金融机构信用风险理论方法及其应用》这本书即将出版的时候，在这里我要表达两层意思：一是对这些年来帮助过蒋洪迅的各级领导、专家、学者、同行，以及那些曾经以各种方式对他的事业表示过关心、支持的人，还有那些今后将要对他和他的团队互相帮助、互相支持的人，致以真诚的谢意。二是他对所选的课题的探索还没有止境，这本书里的所有结论只是阶段性的结论。

社会在发展，时代在前进。摆在我们面前的是大量的问题，同时也可能有大量的收益。我们的研究也有成败的风险。我们只有靠自己的努力去应对，才能赢得胜利。在此，我作为一个奋斗过四十多年但只能用副高职称结束自己工作岗位的退休人员潜心等待下一代的事业发展。预祝蒋洪迅和他的团队，预祝一切尚在研究信用风险理论的人，他们会有更多的收获，他们能取得更多的胜利。

蒋良禹

2014 年 12 月 12 日